本书获"统计与数据科学前沿理论及应用教育部重点实验室"资助

中国众筹行业发展研究

China Crowdfunding Industry Development Research

袁毅　陈亮　著

2@19

上海交通大学出版社
SHANGHAI JIAO TONG UNIVERSITY PRESS

内容提要

众筹是一种创新模式,自 2011 年我国出现第一家众筹平台以来,中国众筹已发展了近十年。本书从多个维度展现了中国众筹的发展演变历程,并对全球的众筹情况进行了分析,将中国众筹与全球众筹进行了对比。本书以数据为基础,系统全面地采集了中国众筹平台的数据,对年度运营数据进行了详细的分析,客观地反映了中国众筹平台的运营现状,揭示了众筹行业的新业态、新模式、存在的问题及困难。本书还对中国历年来众筹相关政策进行了分析,勾勒出政策走向;揭示了中国众筹与科创板的关系,说明了众筹与科创板对于完善中国资本市场的重要作用。本书最后一章,阐述了中国众筹未来发展的趋势。

本书面向的读者是融资人、投资人、创业者、众筹平台运营商、政府相关管理部门、众筹爱好者和一切有志于了解众筹这一新事物的人群。

图书在版编目(C I P)数据

中国众筹行业发展研究.2019 / 袁毅,陈亮著.—上海:上海交通大学出版社,2020

ISBN 978-7-313-23068-3

Ⅰ.①中⋯ Ⅱ.①袁⋯ ②陈⋯ Ⅲ.①融资模式–研究报告-中国–2019 Ⅳ.①F832.48

中国版本图书馆 CIP 数据核字(2020)第 041430 号

中国众筹行业发展研究 2019

ZHONGGUO ZHONGCHOU HANGYE FAZHAN YANJIU 2019

- -

著　者:袁毅 陈亮	
出版发行:上海交通大学出版社	地　址:上海市番禺路 951 号
邮政编码:200030	电　话:021-64071208
印　刷:上海天地海设计印刷有限公司	经　销:全国新华书店
开　本:710mm×1000mm　1/16	印　张:9.75
字　数:163 千字	
版　次:2020 年 12 月第 1 版	印　次:2020 年 12 月第 1 次印刷
书　号:ISBN 978-7-313-23068-3	
定　价:69.00 元	

"中国众筹行业发展研究"
课题组

组长　袁　毅　胡安慈

成员　刘　涛　郑　艳　车　帅　任宋洁

　　　　赵　予　刘秋芸　付恬畅　李　璞

　　　　沈一力　刘鸿斌　黄义真

顾问　陈　跃

前　　言

　　《中国众筹行业发展研究 2019》是华东师范大学网络信息研究所和华东师范大学"统计与数据科学前沿理论及应用教育部重点实验室"基于行业数据和平台调研所撰写的行业研究成果，是继《中国众筹行业发展报告 2016》《中国众筹行业发展研究 2017》《中国众筹行业发展研究 2018》之后，推出的系列白皮书之四，旨在跟踪和反映行业最新发展现状及问题。

　　华东师范大学网络信息研究所具有多年从事数据分析、商业分析及社交媒体研究的基础，在近五年的时间里，专注于中国众筹行业研究，内容涵盖众筹资讯、数据研究、行业评级、众筹咨询、众筹项目评价。特别是在众筹数据研究方面，建成了中国数据量最大、最权威的《中国众筹数据库》，也是目前中国唯一现存的仍在建设的众筹数据库。数据包括 2011 年众筹在我国出现以来至 2019 年 6 月共 10 年的全部数据，包括中国几百家众筹企业历年来创建、变更、下线或成熟的历史、10 年来出台的众筹相关的政策、法规、意见及办法和各平台的运营数据。基于数据，对中国各地区平台的数量、众筹项目的数量、融资金额的数量进行了比较和排名；对中国整体众筹行业的平台数、项目数、完成的融资金融、不同类型众筹（股权众筹、权益众筹、公益众筹和物权众筹）的发展情况和变化进行全面的统计和分析，客观真实地反映了中国众筹行业的发展情况。

　　本书共分为六个部分。第一部分，以搜索数据为视角，勾勒出中国众筹从 2011 年到现在近 10 年的跌宕起伏，以政策文本，分析 2014 年以来众筹相关政策的调整和演化；以学术研究数据，发现学术研究与产业脱节的情况。第二部分，解释了众筹与科创板的关系，科创板是 2019 年中国金融业最重要的一件事，对于解决创新中小企业融资，走出关键的一步。面对大量更微小的企业，需要众筹帮助企业融资和融智，扶持这类企业走向科创板。该部分说明了众筹和科创板对完善中国资本市场的重要意义。第三部分，对全球的众筹情况进行了介绍，包括美国、加拿大、以色列以及欧盟国家的众筹现状及法律问题。第四部分，对中国众筹的典型平台及通过众筹模式创业的企业进行了介绍。第五部分，对中国 2018 年的众筹数据进行了分析，全面反映了中国当前众筹行业的情况。第六部分,从行业数据、政策、相关行业的变化,对中国众筹行业的发展趋势进行了分析。

中国众筹经历了萌芽—发展—彷徨三个阶段,现在正处于第三阶段。2019 年出现了区块链+众筹的平台 Pledge camp,该平台的模式受到全球的极大关注,被认为是众筹的 2.0 版本,标志着众筹向高可信度众筹方向发展。2019 年第五届中国房地产众筹创智峰会于 8 月 23 日在沪成功举办,房地产行业正在积极探索"房地产+众筹"的新模式。此外,公益众筹在近年来发展迅速,需求量巨大。

由此可见,众筹从没有离开,它正在以新的形式向我们走来。

感谢华东师范大学"统计与数据科学前沿理论及应用教育部重点实验室"的资助;感谢上海现代服务业联合会金融科技专业委员会的大力支持;感谢实地调研及数据审核时多家平台的创始人和 CEO 提供的各种帮助;感谢上海交通大学出版社提文静编辑给予的热情帮助和认真修改;课题组的成员在数据采集、分析和撰写中做了大量的工作,在此一并表示真诚的感谢!

华东师范大学　袁毅

目　　录

第 1 章　众筹在中国的发展历程

众筹这种创新模式，自 2011 年从美国传到中国以来，至 2019 年已有 8 年的时间，本章将从数据的维度、政策的维度以及学术研究的维度，展现 8 年中国众筹发展的辉煌与坎坷。

1.1　中国众筹历史变迁

1.1.1　众筹的理解

根据维基百科的定义，众筹（crowdfunding）是大量的人共同筹集资金用于某项活动。维基百科的定义是一种广义的众筹概念，它没有区分筹资的方式，将只要是共同筹资用于某项活动的行为都称之为众筹。按这个定义，从我国古代筹资建庙宇到现在民间筹资办厂、筹资买房，都是众筹。虽然它与众筹两字的本义一致，但却很容易与传统的集资甚至非法集资行为混为一谈。

狭义的众筹是指融资者直接通过互联网平台或移动端 App 等，面向投资者以实物、股权、物权、精神作为回报的形式寻求融资，投资者以较小的额度提供资金支持的商业或公益的模式。其中包括四重含义：

（1）融资是通过互联网 PC 端或移动端平台完成的。全球认可的最早期的众筹是 2001 年在美国上线的艺术众筹网 ArtistShare，随后引起广泛关注的是 2008 年上线的 IndieGoGo 和 2009 年上线的 Kickstarter。也就是说，众筹被认为是随着互联网的应用而产生的创新模式，而非之前的"凑份子"式众筹。

（2）众筹的形式多样。根据实物、股权、物权、精神的回报模式，划分为权益众筹（产品众筹）、股权众筹、物权众筹和公益众筹。还有一种众筹模式是债权众筹（即网络借贷 P2P），但现在行业一般不将债权众筹划归众筹，债权众筹已成为独立的形式及行业。权益众筹是指给予投资人以产品回报，如京东众筹和淘宝众筹，投资人在产品即将销售之前，以较低的价格众筹，产品上市后，投资人获得产品；股权众筹是投资人投资回报是股权，一般所投资的项目上市、被收购等情况下，通过退出获得收益;物权众筹是指投资人共同筹资购买房产、车等有形物品,物品销售后,投资人获得回报;而公益众筹是投资人不需要任何回报的一种公益行为,如腾讯乐捐。

现在众筹延伸出更多的混合模式,如公益与产品的结合、股权与债权的结合、物权与融资租赁的结合等。其形式还在不断衍化。

(3)众筹面向大众投资者是有要求的,众筹是在一定的法律框架下进行的,与非法集资要严格区分。众筹这一新生事物在实践中,会遇到与既有法律相冲突之处。在美国,众筹中的股权众筹在两个方面与 1933 年的《美国证券法》发生了冲突,一是面向大规模的非合格投资者融资;另一面所谓的公开劝导。为了给股权型众筹开辟道路,2012 年美国国会批准了《促进创业企业融资法案》(Jumpstart Our Business Startups Act,简称"JOBS 法案"),以法律的形式确立了股权众筹的地位。2015 年 10 月 23 日,美国证券交易委员会投票通过"JOBS 法案"第三章,其中重要的条款有:①股权集资扩展到可以面向非认证合格投资者。②创业公司和小企业每年可以通过股权众筹的模式私募集资不超过 100 万美元。③个体投资者如果年收入小于 10 万美元,每年可以参与投资的额度为 2 000 美元或其年收入的 5% 的两者之中的大数。个体投资者如果年收入大于 10 万美元,每年可以参与投资额度为其年收入的 10%或者个人净资产的 10%,收入较高者可以将上限提高到 10%;此外,个人投资者每年的最高股权众筹投资额为 10 万美元。该政策从最高融资额、投资人的最高投资额、发行人信息披露、众筹融资中介的职责和投资者保护等给出了众筹需要遵守的法律准则。

我国也对众筹在法规方面提出了规范和要求,如对于众筹中涉及股权的项目,按目前中国证监会的管理办法,单个项目的投资人数不能超过 200 人,即非广大投资者,而是有限的投资者;在投资者资格认定上,有些众筹平台也给出了自己的特定要求,如年收入不得低于 30 万元等。监管部门正在制定相关政策,希望给出合格投资者的标准。

(4)众筹是大众小额投资行为。行业的理解是,众筹是普通人的小额投资行为,通过大众共同的小额投资,以减少投资风险。但投资者会以较小的额度提供资金支持。美国 JOBS 法案第三章给出了投资额占投资人年收入的比例,但在我国,由于投资人收入难以判断等原因,尚无相关法规界定。

1.1.2 从数据看众筹的历史

2011—2019 年,8 年的风风雨雨,从百度指数的数据中可见一斑。

在百度指数中搜索关键词"众筹",在时间设置里选择"全部",得到 8 年来各年度该关键词的搜索量(见图 1-1)。

从图中可以清楚地看到,中国众筹起步于 2011—2013 年,发展于 2014—2016 年。从 2017 年至 2019 年,受政策等多方面原因影响,行业开始沉寂,百度搜索量显示关注度在下降。

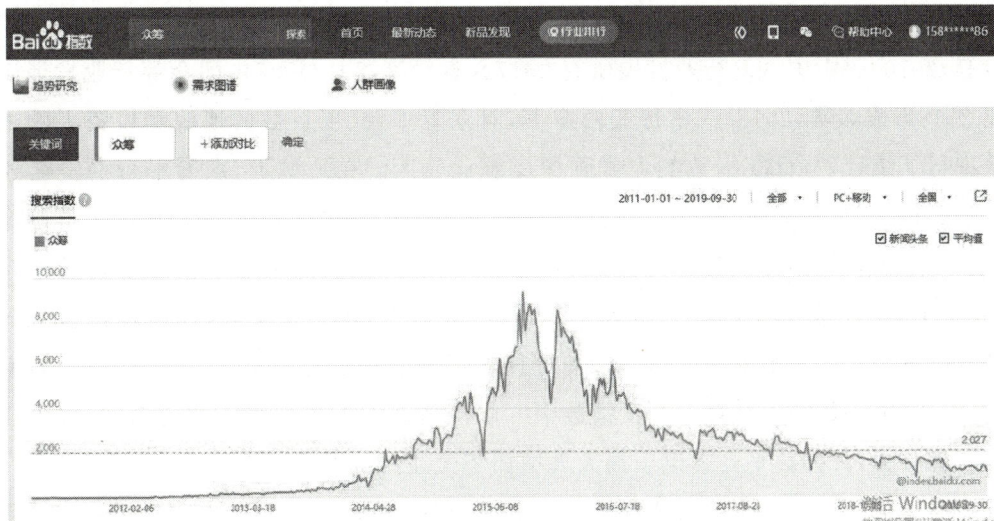

图 1-1　2011—2019 年众筹关键词搜索数据

对百度指数进行用户人群画像,发现 8 年来中国众筹的地域分布和性别分布。在地域分布上,以广东、北京和浙江为前三名,年龄以 20～29 岁为主,性别以男性为主(见图 1-2)。

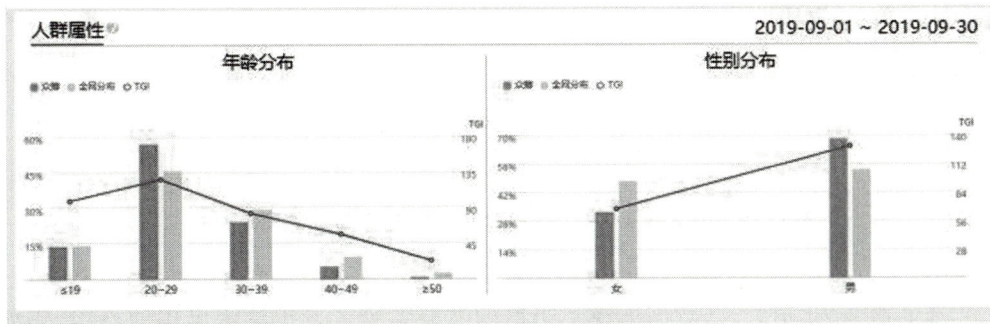

图 1-2　众筹人群画像

　　百度指数的人群画像主要是反映搜索众筹关键词的地域和人群年龄分布。反映的是区域及不同性别人群对众筹的关注度。从中看到广东、北京、浙江名列前三，而上海仅排到第五。在年龄分布方面，以 20～29 岁人群为主。在性别方面，男性占绝对优势。

　　值得注意的是，百度指数的人群画像反映的是搜索众筹关键词的地域和人群年龄分布，只是对于关注者的地区等指标的监测，而《中国众筹行业发展研究 2016》(袁毅等，2016)、《中国众筹行业发展研究 2017》(袁毅等，2017)和《中国众筹行业发展研究 2018》(袁毅等，2018)三本行业白皮书，对众筹平台、项目数的地域和投资人的地域进行了统计，与百度指数的人群画像反差比较大。在地域上，众筹平台前三名通常是北京、广东和上海，投资人以 30～40 岁为主。其中的原因，一是两者的人群画像有一定差别，百度是搜索众筹的人群画像，而三本行业白皮书是以实际运营的平台数、发生的项目数以实际的投资人来统计的，并且，白皮书在统计时，发现公益众筹平台腾讯乐捐的人数和金额量较大，对真实反映全国各地的众筹情况有较大的影响，因此，未将其纳入计算。百度指数中广东排名远大于名列第二的北京，与腾讯在广东省有关，其公益平台腾讯乐捐大大增加了关注的人群。

　　为了进一步考察中国众筹近两年的情况，在资讯指数中，用关键词"众筹"，并将时间设置为 2018 年 1 月 1 日—2019 年 9 月 30 日，得到近两年众筹一词受资讯关注的程度（见图 1－3）。

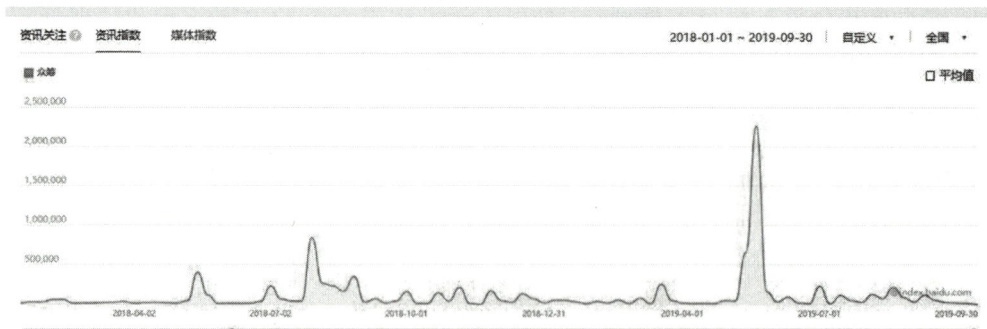

图 1－3　2018 年 1 月 1 日—2019 年 9 月 30 日众筹资讯指数

　　其中在 2019 年 5 月，数据出现了明显的波峰。为了发现波峰出现的原因，仍使用百度的关键词搜索指数，选择在 2019 年 4 月 1 日—2019 年 5 月 31 日，搜索"众筹"，然后切换到该搜索结果界面上方的"需求图谱"，在 4—5 月之间移动时间条，发现在 5 月 12 日,出现与其他时间明显不同的情况,即水滴筹距离中心词众筹很近,而且水滴筹的圆点面积特别大(说明资讯关注量大),而这是其他任何时间段都从未发生的(见图 1-4)。

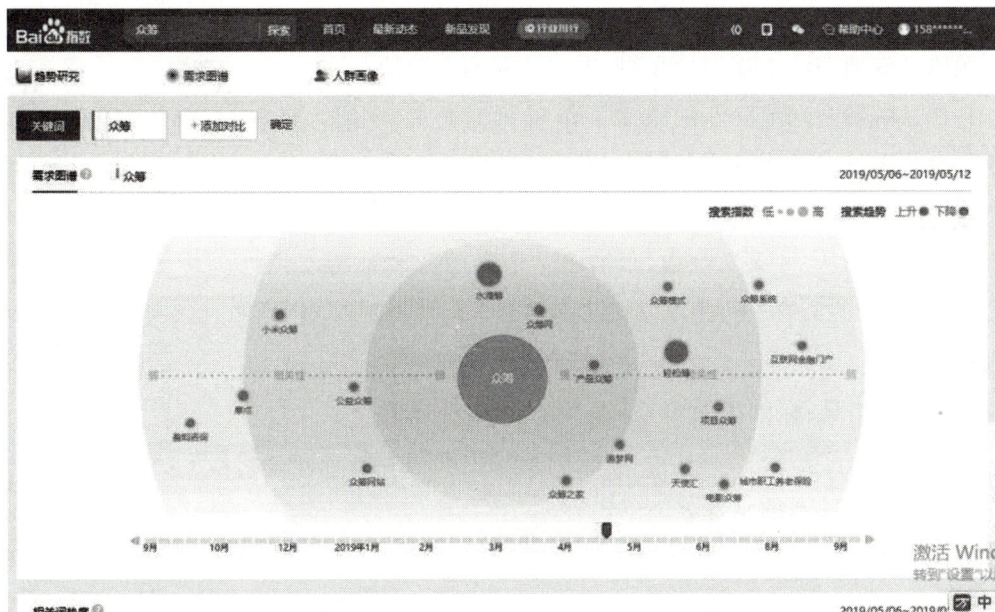

图 1-4　2019 年 5 月 12 日需求图谱上出现的异常

在百度搜索上搜索"水滴筹",并在百度搜索框下方的搜索工具中,设置搜索时间在 2019 年 5 月 1 日到 20 日之间,发现,原来是德云社演员吴鹤臣突发脑出血,在水滴筹 App 众筹 100 万元,涉嫌虚假病情的事件而导致。

至此,已非常清楚地说明,5 月份众筹媒体指数的突然提升,起源于公益众筹领域中发生的事件。

除此之外,众筹领域波澜不惊。行业专家少有发声,相关会议极少,整个行业在等待政策的明朗,等待投资人经历过互联网金融的重创之后,恢复信心。

1.2　中国众筹政策的演进及分析

从 2014 年开始到 2019 年,据不完全统计,我国中央政府或地方政府陆续发布了约 75 条与众筹相关的政策文件,本节对这 75 条进行了分析,从中可以看出中国众筹发展过程中,受到各级政府从大力支持到强化监管的过程,也可以看到政府在坚持不发生系统性风险底线的情况下,鼓励创新的决心。

75 条政策分别来自中共中央、国务院、证券业协会、证监会、民政部、中国人民银行、最高人民法院、交通部、科技部、文化部、工信部、银监会、证监会、保监会、互联网金融风险专项整治工作领导小组、中国互联网金融协会。

在互联网金融风险专项整治工作领导小组中,中国人民银行、银监会、证监会、保监会分别发布了网络支付、网络借贷、股权众筹和互联网保险等领域的专项整治细则。

本节首先从 75 条文件中,归纳出 7 个方面的政策特征,然后,对 2014—2018 年的 74 条文件的摘要进行了文本内容的分析,从中发现 2014 年到 2018 年的众筹政策走势。

1.2.1 "双创"的大背景下,政策大力支持众筹

从 2015 年 3 月到 2018 年 9 月,国务院印发的多个文件及规划中,有很多都提到了与"双创"相关联的众筹方面的内容。

2015 年 3 月 12 日,国务院办公厅印发了《关于发展众创空间推进大众创新创业的指导意见》,其中特别提到,国务院将开展互联网股权众筹融资试点,增强众筹对大众创新创业的服务能力。2015 年 6 月 11 日,国务院印发的《关于大力推进大众创业万众创新若干政策措施的意见》,首次将开展股权众筹融资试点写入国家文件。2015 年 9 月 26 日,国务院印发《关于加快构建大众创业万众创新支撑平台的指导意见》,提出以众智促创新、以众包促变革、以众扶促创业、以众筹促融资等重大发展方向和十七条重点举措。2016 年 3 月 16 日,中华人民共和国国民经济和社会发展第十三个五年(2016—2020 年)规划纲要中,规划纲要指出:建设创业创新公共服务平台,全年推进众创、众包、众扶、众筹,众筹模式正式纳入"十三五"规划。纲要第七章"深入推进大众创业万众创新"明确指出:"全面推进众创、众包、众扶、众筹。依托互联网拓宽市场资源、社会需求与创业创新对接通道。推进专业空间、网络平台和企业内部众创,加强创新资源共享。推广研发创意、制造运维、知识内容和生活服务众包,推动大众参与线上生产流通分工。发展公众众扶、分享众扶和互助众扶。完善监管制度,规范发展实物众筹、股权众筹和网络借贷。"2016 年 6 月 27 日,在天津夏季达沃斯论坛上,李克强总理再次提到双创、四众。2017 年 4 月 10 日,教育部发布了《教育部办公厅关于全面推进政务公开工作的实施意见》,其中提到,支持鼓励社

会力量发掘利用政府公开数据资源,推动开展众创、众包、众扶、众筹,为大众创业、万众创新提供条件。2017 年 7 月 21 日,国务院发布《国务院关于强化实施创新驱动发展战略进一步推进大众创业万众创新深入发展的意见》,其中提到要充分发挥市场配置资源的决定性作用,整合政府、企业、社会等多方资源,建设众创、众包、众扶、众筹支撑平台,健全创新创业服务体系,推动政策、技术、资本等各类要素向创新创业集聚,充分发挥社会资本作用,以市场化机制促进多元化供给与多样化需求更好对接,实现优化配置。2018 年 9 月 18 日,国务院下发了《国务院关于推动创新创业高质量发展打造"双创"升级版的意见》,其中提到发挥众创、众筹、众包和虚拟创新创业社区等多种创新创业模式的作用,引导中小企业等创新主体参与重大技术装备研发,加强众创成果与市场有效对接。

1.2.2　"两会"对互联网金融的提法,在 2019 年发生了变化

继 2014 年以来,互联网金融第 5 次被写入政府工作报告中。如 2018 年 3 月 5日的全国两会报告中,提出:"加快金融体制改革。改革完善金融服务体系,支持金融机构扩展普惠金融业务,规范发展地方性中小金融机构,着力解决小微企业融资难、融资贵问题。"但 2019 年,互联网金融退出了全国两会的最高舆论阵地。这意味着业态正在发生潜移默化的改变。易观报告《2019 中国金融科技专题分析》对这一现象进行了分析,认为互联网金融仅仅是金融科技发展过程中的一个过渡阶段。技术对于金融的作用,正在逐步从辅助业务的地位,上升成为决定金融未来发展的关键因素,科技在下一个阶段将更加深入到金融体系内部,降低行业成本,从根本上提升行业效率。

与此同时,2019 年的政府工作报告中被提及超过 20 次的"风险",包括"加强金融风险监测预警和化解处置""坚持结构性去杠杆,防范金融市场异常波动,防控输入性风险""稳妥处理地方政府债务风险"等。

1.2.3　"股权众筹试点"贯穿于行业发展,雄安股权交易所落地

国务院印发的多个文件提到股权众筹试点。2019 年 1 月,中共中央、国务院发文提出"筹建雄安股权交易所,支持股权众筹融资等创新业务先行先试",意味着股权众筹试点的重大进展。

广东省是省级政府发布股权众筹试点相关文件最多的省份。

国务院印发的下列文件提到股权众筹试点:

2014 年 11 月 19 日,国务院常务会议上,李克强总理要求建立资本市场小额再

融资快速机制,并首次提出"开展股权众筹融资试点"。

2015 年 3 月 12 日,国务院办公厅印发了《关于发展众创空间推进大众创新创业的指导意见》,其中提到,全面部署推进"大众创业、万众创新"工作,并提到,国务院将开展互联网股权众筹融资试点,增强众筹对大众创新创业的服务能力。

2015 年 3 月 13 日,国务院发布了《关于深化体制机制改革加快实施创新驱动发展战略的若干意见》,发挥沪深交易所股权质押融资机制作用,支持符合条件的创新创业企业发行公司债券。支持符合条件的企业发行项目收益债,募集资金用于加大创新投入。推动修订相关法律法规,探索开展知识产权证券化业务。开展股权众筹融资试点,积极探索和规范发展服务创新的互联网金融。

2015 年 6 月 11 日,国务院发布了《关于大力推进大众创业万众创新若干政策措施的意见》,其中提到要搞活金融市场,实现便捷融资,"支持互联网金融发展,引导和鼓励众筹融资平台规范发展,开展公开、小额股权众筹融资试点,加强风险控制和规范管理。"这是开展股权众筹融资试点首次被写入国家文件。

2015 年 7 月 4 日,国务院发布了《关于积极推进"互联网＋"行动的指导意见》,其中提到:"积极发挥天使投资、风险投资基金等对'互联网＋'的投资引领作用。开展股权众筹等互联网金融创新试点,支持小微企业发展。"股权众筹融资试点再次被提及。

2016 年 4 月 12 日,国务院批准《上海系统推进全面创新改革试验加快建设具有全球影响力的科技创新中心方案》,将"支持上海地区为开展股权众筹融资试点创造条件"列入 10 个先行先试重点突破的工作之中。

2019 年 1 月 24 日,中共中央、国务院发布《中共中央国务院关于支持河北雄安新区全面深化改革和扩大开放的指导意见》。其中,在"深化财税金融体制改革,创新投融资模式"部分,明确提出"筹建雄安股权交易所,支持股权众筹融资等创新业务先行先试",有序推动金融资源集聚;吸引在京民营金融企业到雄安新区发展;支持设立雄安银行,加大对雄安新区重大工程项目和疏解到雄安新区的企业单位支持力度;研究建立金融资产交易平台等金融基础设施,筹建雄安股权交易所,支持股权众筹融资等创新业务先行先试;有序推进金融科技领域前沿性研究成果在雄安新区率先落地,建设高标准、高技术含量的雄安金融科技中心;鼓励银行业金融机构加强与外部投资机构合作,在雄安新区开展相关业务;支持建立资本市场学院(雄安),培养高素质金融人才;研究在雄安新区设立人民银行机构,推进综合性、功能性金融监管体制改革,探索建立符合国际规则的金融监管框架,加强本外币协同监管,实现雄安新区所有金融活动监管全覆盖,牢牢守住不发生系统性、区域性金融风险底线。

广东省印发的下列文件提到股权众筹试点:

2014 年 3 月,《深圳市人民政府关于支持互联网金融创新发展的指导意见》(以下简称《意见》),该意见自公布之日起实施至 2016 年 12 月 31 日止。《意见》明确指出互联网金融作为金融业与互联网产业、现代信息技术产业相互融合的产物,是当前极具创新活力和增长潜力的新兴业态,深圳市政府将大力推动互联网金融发展,进一步发挥金融创新对实体经济的服务支撑作用,培育新的经济增长点。同时明确表示支持和指导股权众筹试点工作的发展。

2015 年 7 月 6 日,广东省人民政府发布了《关于创新完善中小微企业投融资机制若干意见》(以下简称《若干意见》),其中有一条是"开展互联网股权众筹试点,实现中小微企业股权众筹的登记确认和流转交易。"《若干意见》还指出,广东省政府在未来两年,省财政将统筹安排专项资金 66 亿元,加大对中小微企业投融资的财政资金支持。

2015 年 7 月 22 日,广东省人民政府发布了《广东省互联网股权众筹试点工作方案》(以下简称《方案》),方案对具体的科技众筹模式、纯互联网运营模式、一站式创业综合服务模式、互联网众筹交易中心模式、专注新三板股权投资模式、依托区域性股权交易市场的股权众筹综合服务模式、与公益众筹相结合模式、综合金融服务模式、其他创新模式等 9 种众筹运营模式平台或有望拿到试点"指标"。《方案》同时显示了广东的"野心"——"把我省建设成国内互联网股权众筹发展的新高地",还制定了目标——2015 年底全省互联网股权众筹平台达 50 家,挂网创业创新项目 5 000个,成功筹资的创业创新项目 400 个,完成众筹融资额 5 亿元。

1.2.4　公益众筹及互助保险持续发展,相关部门开始制定规范

2018 年众筹开始衰退,但是公益众筹和互助保险却一枝独秀,但在其快速发展的过程中,也出现"诈捐""资金使用不当"及"公益主体不当"等多个问题。公益由来已久,但公益众筹却是近年来的新事物,公益众筹的平台、渠道、发起人资格、监管主体和流程等方面的问题,尚无完善的相配套的法律法规。目前出台相关政策的主要是民政部。

2016 年 8 月 20 日,民政部组织有关专家对通过形式审查的 29 家互联网募捐信息平台进行了评审。各参评平台在答辩中分别作出了"不代为接受慈善捐赠财产"

等承诺及陈述。22 日,民政部对入围的 13 家评审名单按得分从高到低进行了公示,分别是:腾讯公益、淘宝网、蚂蚁金服公益平台、新浪微博(微公益)、轻松筹、中国慈善信息平台、京东公益、基金会中心网、百度慈善捐助平台、公益宝、新华公益服务平台、联劝网、广州市慈善会慈善信息平台。

2016 年 9 月 1 日,《中华人民共和国慈善法》规定没有获得公开募捐资格的个人和组织不得在网上公开募捐。《慈善法》将互联网募捐信息平台的指定权授予民政部。民政部已于 8 月 22 日公示了首批慈善组织互联网募捐信息平台遴选结果,轻松筹等以捐助众筹平台身份入围 13 家平台名单之列。说明捐助型众筹明确了主管部门,模式已经得到政府主管部门的认可和价值肯定。捐助型众筹在各个众筹类型中突出重围,率先被认可,同时也率先走出众筹监管空白困境。

2017 年 7 月 21 日,民政部公布了《慈善组织互联网公开募捐信息平台基本技术规范》和《慈善组织互联网公开募捐信息平台基本管理规范》,明确网络求助行为不属于慈善募捐,其信息的真实性由提供方负责,信息平台对个人求助应加强信息审查甄别、设置救助上限、做好风险防范提示和责任追溯。

2016 年 12 月 26 日,原保监会有关部门负责人明确指出,网络互助计划公开向社会公众进行"投入少量资金即可获得高额保障"的误导宣传,诱导社会公众产生获取高额保障的刚性赔付预期。保监会发布通知,开展以网络互助计划形式非法从事保险业务的专项整治,要求各平台要在官方网站、微信公众号的首页向公众声明"互助计划不是保险""加入互助计划是单向的捐赠或捐助行为,不能预期获得确定的风险保障";不得使用任何保险术语,不得将互助计划与保险产品进行任何形式的挂钩或对比。

1.2.5 2017 年后的政策强化众筹的风险属性

众筹一直被普通人看成是一种有情怀的事件,这是对于传统意义的众筹来说的。现在的众筹,尤其是股权众筹,因为其极强的投资属性,特别又是对于极早期项目的投资,因此众筹与风险一直是相随相伴。

一般认为众筹的风险性是 2018 年以后才逐渐被政府发现并进行监管,事实上,从 2015 年到 2019 年,国务院的多个文件中(如 2015 年和 2016 年出台的多个文件:《关于大力推进大众创业万众创新若干政策措施的意见》《关于积极推进"互联网+"行动的指导意见》《关于大力推进大众创业万众创新若干政策措施的意见》),都提到了"风险"两字。到了 2017 年 3 月 5 日,李克强总理在 2017 年政府工作报告中专门提到了"对互联网金融的累积风险要高度警惕",而到了 2019 年 1 月,即便在互联网金融处于极度严监管的状态下,中共中央、国务院发布的《中共中央国务院关于支持河北雄安新区全面深化改革和扩大开放的指导意见》中,仍明确提出"筹建雄安股权交易所,支持股权众筹融资等创新业务先行先试"。其中,再次强调了注意"风险"两字:"实现雄安新区所有金融活动监管全覆盖,牢牢守住不发生系统性、区域性金融风险底线。"由此可见,"风险"一词贯穿于政策的始终,只是用词的力度有所不同。

2016 年,P2P 的风险开始出现,2016 年 10 月 13 日,国务院办公厅发布《互联网金融风险专项整治工作实施方案的通知》,虽然众筹行业没有出现严重的风险事件,但由于其与 P2P 同属于互联网金融,该文件将众筹与 P2P 一并纳入了监管对象。

各省市在执行文件时,主要是针对 P2P 公司,对众筹公司的整治主要是指从事股权众筹的公司,各地在执行时,力度和时间都有所差异,如注册在上海的两家从事股权众筹的公司均在 2017 年期间收到上海市的"某区(县)落实互联网金融风险专项整治工作方案领导小组办公室"发来的"互联网金融风险专项整治整改通知书",通知书列出了检查中发现的问题并提出整改要求,最后要求被整改企业在整改期间:"根据国家整治办要求,你单位不得新增业务规模,存量违规业务须压降至零,不能新增不合规业务,并且在后续的整改报告中体现"。直到现在,两家公司一直处于暂停业务状态。

下列文件显示了监管的强度。

2016 年 10 月 13 日,国务院办公厅发布《互联网金融风险专项整治工作实施方案的通知》。该文件将 P2P 网络借贷和股权众筹业务列为重点整治对象。其中与众筹相关的内容是:"股权众筹平台不得发布虚假标的,不得自筹,不得'明股实债'或变相乱集资,应强化对融资者、股权众筹平台的信息披露义务和股东权益保护要求,不得进行虚假陈述和误导性宣传。""P2P 网络借贷平台和股权众筹平台未经批准不得从事资产管理、债权或股权转让、高风险证券市场配资等金融业务。P2P 网络借贷平台和股权众筹平台客户资金与自有资金应分账管理,遵循专业化运营原则,严格落实客户资金第三方存管要求,选择符合条件的银行业金融机构作为资金存管机构,保护客户资金安全,不得挪用或占用客户资金。""房地产开发企业、房地产中介机构和互联网金融从业机构等未取得相关金融资质,不得利用 P2P 网络借贷平台和股权众筹平台从事房地产金融业务;取得相关金融资质的,不得违规开展房地产金融相关业务。从事房地产金融业务的企业应遵守宏观调控政策和房地产金融管理相关规定。"规范互联网"众筹买房"等行为,严禁各类机构开展"首付贷"性质的业务。

2018年3月,证监会印发了"2018年度立法工作计划"。其中,值得重点关注的是,列入证监会"力争年内出台的重点项目"第一条就提到:"以服务国家战略为导向,提升服务实体经济能力,进一步增强资本市场直接融资功能,制定《股权众筹试点管理办法》。"这是2018年以来股权众筹迎来的重大利好。遵循党的十九大和中央经济工作会议精神,尽快开放股权众筹试点,符合"增加金融服务实体经济能力"和"提高直接融资比重"的新时代使命,有利于改革创新体制机制,进一步优化营商环境,是践行"深化金融体制改革"的重要举措。当然,探索股权众筹试点也必须"守住不发生系统性金融风险的底线"。

2018年3月28日,互联网金融风险专项整治工作领导小组办公室下发《关于加大通过互联网开展资产管理业务整治力度及开展验收工作的通知》(以下简称《通知》)。互联网金融风险专项整治工作领导小组办公室下发了《通知》,其中明确互联网资管业务属于特许经营业务,未取得金融牌照不得从事互联网资管业务,而"定向委托投资""收益权转让"等常见业务模式也被明令禁止。"定向委托投资""收益权转让"等常见业务模式属于非法金融活动。互联网平台不得为各类交易场所代销,包括引流。

2018年7月9日,中国人民银行同互联网金融风险专项整治工作领导小组有关成员单位召开互联网金融风险专项整治下一阶段工作部署动员会。央行副行长潘功胜指出,将用1到2年时间完成互联网金融风险专项整治,化解存量风险,消除风险隐患,同时初步建立适应互联网金融特点的监管体系。

2018年7月9日,中国人民银行会同互联网金融风险专项整治工作领导小组有关成员单位召开互联网金融风险专项整治下一阶段工作部署动员会。方案明确了时间节点,P2P网络借贷和网络小贷领域清理整顿完成时间延长至2019年6月,其他各领域重点机构应于2018年6月底前,将存量的违规业务化解至零。

在众筹领域,除了国务院、证监会、中国人民银行等部门下达的文件以外,广东省在监管方面也发布了多个文件,数据排在各省市之前。主要文件如下。

2016年3月18日,深圳发文《关于严禁开展"众筹炒楼"房地产金融业务,加强金融风险防控的通知》,要求本市互联网金融产业全面停止开展"众筹炒楼"房地产金融业务,并进行自查自纠和行业清理工作。4月12日,深圳市互联网金融协会下发《深圳市互联网金融协会关于停止开展房地产众筹业务的通知》,要求全市各互联网金融企业全面停止开展房地产众筹业务,并进行自查自纠和业务清理工作。通知称,叫停房地产众筹业务是根据深圳市相关监管部门指示而做出的,意在充分发挥监管自律功能。通知并提到,对于不积极自查整改的企业,将向政府相关部门报告,将其作为全市金融风险重点排查对象。继深圳全面叫停房地产众筹后,广州市也要求企业暂停这一业务。4 月 13 日下午,广州市金融局召集广州市互联网金融协会和广州金融业协会开会,要求房地产众筹企业暂停开展该业务,并做好风险排查工作。

2016 年 4 月 26 日,广州市金融工作局下发通知,在广州范围内开展股权投资类企业风险防范专项整治工作,敦促相关企业尽快到基金业协会进行备案。而此前在 4 月初,广州刚刚下发《广州市构建现代金融服务体系三年行动计划(2016－2018 年)》,文中特别提及要充分发挥广州股权交易中心的平台功能。该通知是为了促进广州市股权投资市场规范健康发展,防范以股权投资名义开展非法集资活动,以及营造良好的金融市场环境。

1.2.6　首次代币发行(ICO)在七部委叫停

2017 年,出现一种新的融资模式——ICO,ICO 全称 Initial Coin Offering,中文译作“数字代币首次公开发行”,是一种用数字代币投资早期项目的方式,类似现实世界中的 IPO(首次公开募股)。但不同的是将发行的标的物由 IPO 的证券变成了数字加密货币。一些比较有名的加密货币都是靠 ICO 发展起来的。

ICO 的流程是:个人和企业都可以发起 ICO,发起人将项目情况及团队、代币的总量、代币发行的方式等,形成文字材料(即白皮书),在众筹网站上开始众筹,众筹一般是比特币或者以太坊,换取一定的代币份额。众筹过程一般会使用区块链众筹,系统会实时公开区块链众筹到的数额等,以便投资人查验。项目团队众筹到比特币或者以太坊之后,拿到交易平台进行交易,就会变成开发项目所需的现金。

ICO 出来后,一家传统股权众筹平台“大伙投”,开始将平台转为 ICO 众筹平台,即专门为 ICO 项目众筹的平台。国内其他众筹平台未见做 ICO 的众筹。

然而,ICO 这种极为开放的众筹模式,由于缺乏监管经验,被一些人滥用。监管部门开始介入。

2017 年 8 月 30 日,中国互联网金融协会发文“关于防范各类以 ICO 名义吸收投资相关风险的提示”。公告称,近期各类以 ICO 名义进行筹资的项目在国内迅速增长,扰乱了社会经济秩序并形成了较大风险隐患。互金协会提示投资者,国内外部分机构采用各类误导性宣传手段,以 ICO 名义从事融资活动,相关金融活动未取得任何许可,其中涉嫌诈骗、非法证券、非法集资等行为。广大投资者应保持清醒,提高警惕,谨防上当受骗。一旦发现有涉及违法违规的行为,应立即报送公安机关。

2017 年 9 月 4 日,中国人民银行网站发布公告称,近期,国内通过发行代币形式包括首次代币发行(ICO)进行融资的活动大量涌现,投机炒作盛行,涉嫌从事非法金融活动,严重扰乱了经济金融秩序。为此,中国人民银行、中央网信办、工业和信息化部、工商总局、银监会、证监会、保监会等七部委发布公告,要求从此公告发布之日起,各类代币发行融资活动应当立即停止。已完成代币发行融资的组织和个人应当做出清退等安排,合理保护投资者权益,妥善处置风险。

1.2.7 中央及部委发布的针对具体产业开展众筹的政策

2016 年 10 月 23 日,国务院发布《国务院关于加快发展康复辅助器具产业的若干意见》将康复辅助器具产业纳入众创、众包、众扶、众筹相关财政以及新兴产业投资支持范围。地方财政可利用奖励引导、资本金注入、应用示范补助等方式,支持非营利性康复辅助器具配置服务机构建设,以及具有良好示范效应、较强公共服务性质的康复辅助器具项目。

2016 年 12 月 21 日,交通运输部等 6 部门发布了《关于鼓励支持运输企业创新发展的指导意见》,鼓励支持运输企业组织创新,推进运输企业"双创"。充分发挥企业的创新主体作用,鼓励支持运输企业推进大众创业、万众创新,构建众创、众包、众扶、众筹等支撑平台,形成创业与创新、线上与线下、政府与市场相结合的创新格局。推进运输企业众创,支持创客空间等新型众创空间发展,构建企业开放式创业创新平台,激发全行业创业创新热情。

2017 年 1 月 15 日,中共中央办公厅、国务院办公厅印发了《关于促进移动互联网健康有序发展的意见》。意见提出,支持中小微互联网企业发展壮大,进一步发挥国家中小企业发展基金、国家创新基金等政策性基金引导扶持作用,落实好税费减免政策,在信用担保、融资上市、政府购买服务等方面予以大力支持,消除阻碍和影响利用移动互联网开展大众创业、万众创新的制度性限制。积极扶持各类中小微企业发展移动互联网新技术、新应用、新业务,打造移动互联网协同创新平台和新型孵化器,发展众创、众包、众扶、众筹等新模式,拓展境内民间资本和风险资本融资渠道。

2017 年 1 月 24 日,工业和信息化部印发《关于进一步推进中小企业信息化的指导意见》(以下简称《指导意见》),推动互联网金融应用,发挥网络借贷和股权众筹高效便捷、对象广泛的优势,满足小微企业小额、快速融资需求。鼓励信贷机构依托电子商务、供应链管理平台构建多元化的小微企业信用信息收集渠道,支持其依据大数据发放小微企业信用贷款。

2017 年 4 月 10 日,教育部办公厅发布《教育部办公厅关于全面推进政务公开工作的实施意见》。推进政府数据开放,制定教育部教育数据管理相关办法,加快整合面向公众服务的教育业务系统,推进政府数据依申请公开工作。支持鼓励社会力量发掘利用政府公开数据资源,推动开展众创、众包、众扶、众筹,为大众创业、万众创新提供条件。

1.2.8　中国众筹政策的文本分析

从 2014 年开始,据不完全统计,我国中央政府或地方政府陆续发布了约 74 条与众筹相关的政策文件,2014—2018 年的政策文件数量分别分 3、15 、28、15、13 条,从中可以看出 2016 年的文件数量最多,2019 年真正提到股权众筹的只有 1 月份在雄安设立股权交易所试点的文件,随后,众筹在政策层面处于真空期。因此,下面的分析主要基于 2014—2018 年的共 74 条政策文件摘要数据。

将 2014—2018 年的共 74 条政策文件摘要,进行分词统计,得到高频词,形成文本分析的云图(见图 1－5a),云图反映的是政策文件摘要的高频词,并按比例显示高频词出现的次数。图 1－5a 中显示的是 2014—2018 年 5 年期间,所下达的文件的高频词。由于 74 篇文件的摘要都是互联网金融、股权众筹相关文献,因此,高频出现互联网、金融、股权众筹、众筹、股权、融资这个词是显然的。为了观察文件的具体内容,将上述这几个特别高频的词,从文件摘要中去掉,再进行高频词分析,得到新的词云图(见图 1－5 b),该图显示:创新、创业、众创、公开出现的频率最高,其次是国务院、李克强、专委会、慈善、房地产业、实体、管理办法、联动、引导、整治、自查、制度、集资。从这些词可以看出,政策中国务院发文最多,除了股权众筹以外,文件中涉及慈善和房地产业,此外,主要是管理方面的用词。

为了分析政策的时序变化,对历年的数据进行高频词分析,由于 2014 年只有 3 条政策,将 2014 年与 2015 年的政策文档合为一年分析。为了更清楚地反映文件的内容,仍将高频词互联网、金融、股权众筹、众筹、股权、融资去除后分析。比较历年来的词云图,图 1－6 与图 1－7 的云图相似度非常高,即 2014—2017 年政策的相似性很高,主要是对新生事物的大力支持,2014—2015 年"试点"一词出现的频率特别高,2016 年偏低一点,但 2017 年和 2018 年的云图中再也未出现该词,说明后期政策不再提试点,取而代之的是,2017 年出现了整改一词,进入 2018 年,最突出的词是整治、专项整治和风险三个词。

　　5 年的词云图,清楚地显示了政策的走势,经历了 2014—2016 年的大力支持,2017 年发现问题到 2018 年进入严监管状态。2019 年仍处于严监管状态,但监管并不意味着否定,监管是为了守住不发生系统性风险的底线,是为了促进行业有序和良性发展。

图 1 - 5(a)　2014—2018 未去高频词的云图

图 1 - 5(b)　2014—2018 去高频词的云图

图 1 - 6　2014—2015 年文件摘要云图

图 1 - 7　2016 年文件摘要云图

图 1-8　2017 年文件摘要云图

图 1-9　2018 年文件摘要云图

1.3　中国众筹学术研究现状

众筹行业在发展,众筹的学术研究进展如何,产业及学界是否有共性或差异性,为了探索这一问题,以下对中国众筹的学术研究现状进行分析。

1.3.1　图书数据分析

在读秀中以"众筹"为题名进行检索,去掉作者不详的或者合集再版的数据,去掉 3 本债权众筹的图书(债权众筹属于 P2P 行业,不在本书研究范围中),并补充个别遗漏的数据,共检索到 139 本题名中含有众筹的图书。

1)共有 6 本译著

在 139 本图书中共有 6 本是译著,译著占据了较高的比例,主要是翻译美英的众筹图书。

(1)(美)戴维·弗里德曼(David M.Freedman)、(美)马修·纳丁(Matthew R. Nutting):《股权众筹投资指南》,清华大学出版社,2019。

(2)(美)丹·马龙(Dan Marom)、理查德·斯沃特(Richard Swart):《众筹 2.0 公司时代》,电子工业出版社,2017。

(3)(美)查尔斯·H.格林(Charles H.Green):《银行小企业融资创新指南 风投交易 众筹 私募股权投资和科技进步》,中国金融出版社,2016。

(4)(英)默德威娜·里斯—莫格:《众筹——探索融资新模式,开启互动新时代》,中国华侨出版社,2015。

（5）（美）奈斯、（美）贝斯特等：《众筹投资》，人民邮电出版社，2015。

（6）（美）斯蒂芬德森纳：《众筹互联网融资指南》，中国人民大学出版社，2015。

2）重要作者分析

众筹在中国发展历史短暂，因此，高产作者不多，按第一作者计算，发表著作超过 3 本的仅有以下作者。

袁　毅——华东师范大学教授。与众筹家 CEO 陈亮等一起，基于 2011 年以来中国众筹行业的全部数据，撰写并出版了《中国众筹行业发展报告 2016》《中国众筹行业发展研究 2017》《中国众筹行业发展研究 2018》和《中国众筹行业发展研究 2019》四本行业白皮书，成为中国唯一一套全面系统的行业白皮书。

王玉祥——贵州省商务厅（贵州省人民政府口岸办公室）副厅长（副主任）。发表《众筹金融生态——世界众筹之都实践》（2015）和《众筹金融系列丛书》（三部）（2015）。

杨　东——中国人民大学教授。发表《互联网＋金融——众筹金融：众筹改变金融》（2015）、《赢在众筹——实战·技巧·风险》（2015）、《艺术品众筹 模式、案例、风险、监管》（2017）。

刘文献——贵阳众筹金融交易所董事长。发表《解放众筹》（2015）、《众筹的解放》（2016）和《众链：区块链大数据与众筹金融新世界》（2017）。

1.3.2　期刊和学位论文数据分析

数据来源于中国期刊全文数据库（CNKI，以下简称为知网），该数据库是世界上最大的连续动态更新的中国学术期刊全文数据库，其收录年限包含 1915 年以来出版的期刊，保证了数据的全面性、时效性、权威性。截至 2018 年 12 月 31 日，共检索到标题或者关键词中包含众筹的文章共 1343 篇，其中期刊文献有 552 篇（期刊来源限定为 CSSCI 和 CSCD），剔除新闻、会议通知等内容后得到期刊文献 552 篇，优秀博硕士学位论文（以下简称为硕博士论文）有 786 篇，最后共获得 1 338 篇文献。

1）历年发文量走势分析

文献的数量在一定程度上反映该学科领域的研究水平和发展速度。因此，统计众筹领域的论文数量随时间的变化趋势，以期能够从宏观上了解该领域的发展状况。本书统计了 2013—2018 年中国知网上发表的期刊论文数据及学位论文数量（见表 1-1），将其绘制成时间发文量随时间变化的曲线图（见图 1-10），并与中国众筹历年上线的平台数量时间变化曲线图（见图 1-11）对比，发现两者走势惊人的一致。

唯一不同的是,2016—2018 年以后,上线平台下降的幅度远大于论文下降的速度,这反映了学术论文的滞后性。

表 1-1　我国"众筹"文献发文量

时间	2013	2014	2015	2016	2017	2018
期刊论文	5	60	104	151	137	95
硕博士论文	2	12	120	269	254	129
总计	7	72	224	420	391	224

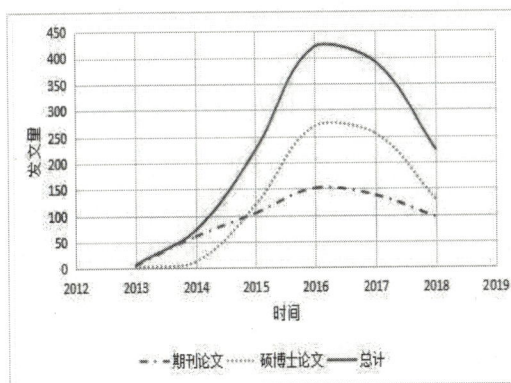

图 1-10　历年文献数量变化

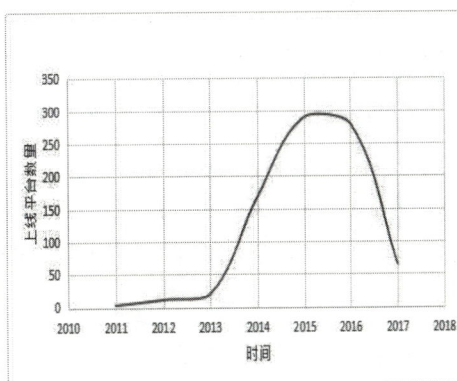

图 1-11　历年众筹平台上线数量变化

从图 1-10 中可以看到,众筹文献总体趋势为自 2013 年快速增长,于 2016 年基本达到高峰,而后呈下降趋势,曲线走势与众筹平台上线数量变化相符。对比期刊论文数量增长趋势,硕博士论文的数量变化较为显著,其增长速度远大于期刊论文。我国对众筹研究文献起始于 2013 年,由表 1-1 可以看出 2013 年期刊论文有 5 篇。早期的论文对后期的研究起到较大的作用,这点可以从 2013 年发表论文的被引用数据得到。2013 年的 5 篇与众筹相关的研究的期刊论文按时间先后顺序依次为《众筹新闻:网络时代美国新闻业的创新及启示》《互联网金融:一场划时代的金融变革》《网络平台借贷的法律规制研究》《互联网金融对证券行业的影响与对策》和《众筹融资的发展及监管》,涉猎行业领域包括新闻、金融和法律。其中胡吉祥和吴颖萌共同发表的《众筹融资的发展及监管》被引频次高达 382 次,这篇文献所论及的是众筹的监管,而监管是众筹研究的重要主题,因此,这也是该文获得高被引的原因之一。其余 4 篇众筹的期刊论文的被引频次也较高。

图 1-10 和图 1-11 在一定程度上分别反映了众筹领域的研究热度和众筹行业的发展热度。由图 1-11 可知,我国众筹平台最早于 2011 年上线,之后新上线平台数量逐年增加,在 2015 年到达高峰,之后众筹平台新上线数量逐年降低。

2)作者分析

对 552 篇期刊文献的作者进行统计,以每篇论文只取第一作者为原则一共得到 552 名作者。此外,该数据是截至 2018 年 12 月 31 日检索得到的全部核心期刊(CSSCI 和 CSCD)论文。552 名作者中发文量最多的有 9 篇文献,根据普莱斯定律计算,发文量在 3 篇及以上的作者为众筹领域的核心作者。统计发现众筹期刊文献中核心作者有 23 位,总共发文量为 89 篇。普莱斯定律认为核心作者在该领域所发表的论文总数可达到该领域的总论文数的 50%,通过统计比较发现,众筹领域的核心作者发文数量尚未达到该领域论文数的 50%,说明核心作者的学术贡献率较低,该学术领域的论文质量和研究能力还有待提高。统计发现,385 位作者发文量为 1 篇,占作者总数的 69.7%,说明近 70% 的研究者对众筹的研究仍处于探索阶段,后续的研究还没有进一步展开,该领域研究的持续性和延续性有待加强。从作者发文量看,众筹的研究还不够成熟。

发文前 4 名的作者及研究论文题名如下。

发文量排名第一的是中南大学商学院的曾江洪,自 2014 年至 2018 年 12 月底发表 9 篇众筹方面的论文。9 篇文献都属于国家社会科学基金项目"众筹模式中价值共创机制研究"的研究成果,其论文题名如下:

《价值共创对众筹项目融资绩效的影响》;

《前期经验型支持者对众筹项目融资成功率的影响研究》;

《基于 ELM 理论的产品众筹支持者决策行为影响因素研究》;

《质量信号对农业众筹项目融资成败影响的实证研究》;

《众筹项目双方的合作博弈模型与收益分配研究》;

《众筹平台双边市场特性与竞争策略研究》;

《众筹模式下项目支持者价值共创与满意度关系研究》;

《众筹模式投资者感知价值维度研究》;

《社会资本对众筹项目融资成功率影响的实证研究》。

发文量排名第二的是渤海大学的鞠彦辉,近两年发表的 7 篇文章系国家社会科学基金项目"农村社区图书馆建设的众筹模式及保障机制研究"的研究成果,其论文针对农村图书馆的众筹模式和众筹项目影响因素从不同研究角度进行了探讨,主要希望通过公益众筹来解决农村图书馆的资金问题并构建了相应的农村图书馆众筹的理论模式。鞠彦辉的论文都是与其他作者合著的形式发表的,主要通过与不同研究方向的同事合作研究。

《农村民间图书馆众筹项目运行保障机制研究》;

《农村民间图书馆众筹项目社交媒体应用对其成功的影响——适应性结构化理论视角》;

《基于资源观的社交媒体对农村民间图书馆众筹项目绩效的影响研究》;

《共享经济驱动的农村图书馆众筹模式——个多案例研究》;

《农村民间图书馆众筹项目成功的关键因素》;

《基于 Osterwalder 参考模型的农村图书馆众筹模式研究》;

《共享经济视角下农村社区图书馆建设的众筹模式研究》。

发文量排名第三的是中国科技大学的刘志迎,以第一作者名义发表的 8 篇文献都属于国家自然科学基金资助项目"领导行为作用下技术二元创新与商业模式匹配机理研究"(71472172);教育部人文社会科学基金资助项目"开放式创新环境下多主体协同创新管理机制研究"(14YJA630035)的研究成果。他的成果如下:

《奖励型众筹中的描述性信息会影响融资绩效吗?》;

《奖励型众筹中投资者存在羊群行为吗?——一个实证研究》;

《众筹情境下两方创新合作的利润博弈分析》;

《双众筹平台垄断下的新用户优惠定价分析》;

《众筹融资绩效影响因素研究——基于文献综述的视角》;

《双边市场视角下众筹平台定价机制研究》;

《众筹中创新项目质量和报酬率的激励效应研究》。

排名并列第 4 的是北京理工大学的夏恩君,其成果受国家自然科学基金项目"开放式创新网络众包模式的运行机理及行为管理研究"(71572012),论文名称为：

《股权众筹项目融资成功率判别——Logistic 回归与神经网络模型的比较分析》；

《股权众筹投资者动机研究》；

《基于不同主体的小微企业众筹风险识别与防范》；

《基于知识图谱的众筹研究现状及发展趋势分析》；

《众筹研究现状与展望》；

《融资项目的不确定性对股权众筹融资绩效的影响——以领投金额为中介变量》。

排名并列第 4 的是华侨大学的王伟,成果系国家自然科学基金项目"文本语言特征对众筹项目融资效果的影响:基于文本挖掘的方法"、福建省自然科学基金项目"投资行为的本地偏好对众筹项目融资效果的影响"、福建省社会科学规划项目"众筹项目文本更新的语言说服性对投资者参与投资意愿的影响"的支持,其论文为：

《基于 Web 的众筹研究回顾:融资模式、影响因素和行为模式》；

《融资者个人因素以及社会关系对食品类众筹项目的影响研究》；

《众筹项目的个性化推荐:面向稀疏数据的二分图模型》；

《众筹融资成功率与语言风格的说服性——基于 Kickstarter 的实证研究》；

《基于 Web 的科研众筹模式实证分析研究》；

《国外众筹研究综述与展望》。

排名并列第 4 的是上海理工大学的杨扬,受教育部人文社会科学研究规划基金项目"数字出版内容社会化生产模式及管理机制研究"、上海市教委科研创新项目"文化创意产业社会化商业模式运行机制研究"的支持,其论文名称如下：

《全版权和生态圈视角的出版众筹平台发展战略研究》；

《众筹项目的社交网络影响力预测与分析》；

《网络口碑、感知质量和感知品牌对出版众筹参与意愿的影响机制研究——基于直接经验的调节作用》；

《基于互联网众筹的出版产业链重构》；

《浅谈台湾众筹出版模式背后的成功逻辑——以众筹网站 FlyingV 为例》。

3）研究热点分析

关键词是从文献中提炼出能够代表文献研究内容、揭示文献本质的词语或者词组，是研究内容以及研究方法的凝练和概括。统计 2013—2018 年我国期刊论文和硕博士论文共 1 338 篇文献的关键词，统计关键词出现的频率，详见表 1-2。

表 1-2 文献高频关键词词频、中心度统计表

关键词	出现频次	关键词	出现频次
股权众筹	406	风险	43
众筹	399	投资者保护	42
互联网金融	146	信息披露	38
众筹平台	86	融资	38
法律风险	72	监管	36
众筹融资	64	法律规制	33
众筹模式	56	法律监管	33
众筹出版	51	投资者	32
影响因素	48	风险防范	28
股权众筹平台	46	小微企业	26

1.3.3 业界探索与学术研究异同点

众筹自 2011 年引入我国以后，业界、学界和政界均有参与。政府主要从事政策的制订和行使监管的责任。从本节的学术研究情况看，学术研究与众筹行业的实践有相同之处，但也有较大的差别，主要反映在以下方面：

1）两者关注的重点不同

学术研究主要集中在三方面：第一，众筹概念和思想的介绍和传播，从学理上和

法理上分析众筹存在的合理性及可行性;第二,众筹的法律法规及监管;第三,众筹运营的商业模式及项目众筹成功的影响因素。其中,第二个方面的研究是最多的。业界虽然也非常重视法律法规及监管政策,但是,业界的主要目标就是找到好的商业模式并能实现盈利。作为新生的行业,很多行为走在法律的边缘,具有较多的法律风险,业界关注政策,主要目的是为了获得政策的支持,保证行业有个良好的外部环境。

2)业界和学界融合度低

业界在商业模式及运营方面对众筹进行了近 10 年的探索,发现了多种具有中国特色的模式及实际操作的办法。但在学术研究中,对众筹商业模式的研究却常流于表面,研究的依据不是行业调查,而是文献和资料的引用。由于众筹行业属于新兴行业,发展迅速,新业态新模式更新速度快,依赖于文献所做的学术研究,只能与行业严重脱节。论文中引用的大量文献,在论文发表时已发生了很大的变化,特别是论文中引用的某众筹平台的商业模式,事实上该平台早因运营不善而下线,但论文中不断地引用早期的论文,导致该平台被反复提及和传播。众筹企业的信息交流主要通过业界的会议,而非阅读学术论文。

学术论文中所使用的数据与行业真实的数据有很大差距,由于行业的底层数据基本垄断在行业的第三方资讯平台或研究机构,而这些部门采集数据但不对外提供底层数据,只发布基于数据分析的各种报告。因此,学术研究中的数据,要么是通过个人从少量平台上收集的数据,要么是二次数据的整合,并且,由于学术研究者对业界的数据含义不了解,影响了统计的准确性。在这种情况下,学术研究的成果,很难反映真实的情况。

学术论文中与业界融合的最好的部分,是法律法规等政策性研究的论文。其中有些研究能从学理和法理上,从相关法律法规演进的过程中,进行思辨性分析,这类研究成果,通过少数学界和业界两栖的学者,传播到政界和业界。

3)图书比论文与行业结合度更高

1.3.1 节中列出的众筹图书的重要作者,要么是与行业联系度极高、具有理论知识和实践经验的学者,要么是众筹行业的创业者或积极推动者。

相比较,期刊论文的重要作者,却与行业没有关联。在行业交流中很少出现。

对文献的可视化分析进行总结,主要有以下特点:

第一,众筹文献一定程度上反映了众筹行业的发展情况。一方面,众筹研究的文献产出量的变化与行业变化紧密联系。自 2011 年至 2015 年,众筹平台快速增长,反映众筹行业快速发展的局势;2016 年至今,众筹平台新增数量快速下降,众筹行业的发展有所衰减。众筹的文献产出量随时间的变化趋势与行业发展趋势保持一致。另一方面,众筹文献的热点词研究与行业关注密切相关。以法律监管为例,法律风险、规制等主题是众筹文献长期的热点。同时,自 2014 年我国陆续推出全国性或地方性的互联网金融相关法案与监管政策。

第二,众筹研究的机构往往是单独"作战",形成的科研合作网络的团体较少,合作率较低。我国对众筹进行研究的机构合作关系单一,主要是师生合作和同事合作。众筹实际上是互联网发展的跨学科领域产物,而现有的文献一般都偏向研究者专业角度的分析。例如出版众筹的研究基本是从传媒、出版学角度进行分析,研究层次较为单一。

第三,众筹领域的研究呈多样化趋势。根据众筹文献的时区图谱,对众筹的研究从宏观向微观转变,涉及的领域越来越多元。众筹研究热点从一开始的众筹风险、众筹理论介绍到近两年对农业众筹、图书馆众筹等具体领域的研究,众筹领域的研究方向开始逐渐细分。

第 2 章　众筹与科创板

科创板是独立于现有主板市场的新设板块,并在该板块内进行注册制试点。科创板和注册制的实行,是创新型国家的发动机。如果机制完善,科创板注册制成功,未来将给中国经济发展带来巨大贡献。

科创板的诞生,也引发了对股权众筹发展模式新一轮的讨论。科创板的出现无疑也为股权众筹带来了新的可能性。

2.1　科创板概述

2.1.1　科创板历史使命

2019 年 1 月 30 日,证监会正式发布了《关于在上海证券交易所设立科创板并试点注册制的实施意见》(以下简称《实施意见》)。《实施意见》指出,科创板重点支持新一代信息技术、高端装备、新材料、新能源、节能环保以及生物医药等高新技术产业和战略性新兴产业,推动互联网、大数据、云计算、人工智能和制造业深度融合,引领中高端消费,推动质量变革、效率变革、动力变革。

当前,中国人口红利正在丧失,造成我国的第二产业出现萎缩,第三产业泡沫巨大。直接表现为我们国家的整体经济结构头重脚轻,这样的一个经济巨人一旦轰然倒地,就会引发非常严重的经济危机。因此,从宏观经济角度来看,现阶段必须要调整经济发展策略,做大第一产业和第二产业,挤挤第三产业泡沫。要将第二产业做大核心在于科技引领、创新驱动。具体策略包括:第一,发展高端制造业,发展人工智能、机器人,减少劳动力的制约;第二,大众创业,万众创新,解决当前大量的失业人口和半失业人口的问题。上述政策的核心是中小微企业发展问题,中小微企业的发展一方面要靠人才、靠技术、靠产业,另外一个方面,要靠资金来推动,对于具有科技含量及自主创新能力,但处在初创期的企业而言,资金支持更加重要。在此背景下,科创板因此应运而生。

科创板的历史使命包括以下两个方面:

其一是支持有发展潜力、市场认可度高的科创企业发展壮大。从宏观经济背景来看,中国经济已经从高速增长阶段转向高质量发展阶段。这一阶段的迫切要求,就是加快新旧动能的转换,深化结构调整,增强科技创新在经济发展中的作用,增强企业家在创新中的引领作用。金融业要加大对经济高质量发展的支持,就是要增强与高质量发展要求的适配性,通过金融资源的合理高效配置,推动经济高质量发展。

由此再来看科创板,其本质意义就是推进金融供给侧结构性改革、促进科技与资本深度融合、引领经济发展向创新驱动转型。通过改革,增强资本市场对科创企业的包容性,允许未盈利企业、同股不同权企业、红筹企业发行上市,进一步畅通科技、资本和实体经济的循环机制,加速科技成果向现实生产力转化。服务实体经济发展是资本市场的天然使命,但在不同发展阶段,这一使命的具体内涵也在不断变化。当下,通过科创板架起金融资本与科创要素的桥梁,无疑是最能够体现金融对实体经济支持、对高质量发展支持的途径之一。

其二是发挥改革试验田的作用。科创板的整体制度设计公布时,很多人都惊讶于改革的力度和深度。从中国的国情和发展阶段出发,借鉴成熟市场经验,在发行上市、保荐承销、市场化定价、交易、退市等方面进行制度改革的先试先行,并及时总结评估,形成可复制可推广的经验。这表明,科创板不是孤立一招,而是着眼于资本市场发展大局而落下的一子。科创板不是简单增加一个"板",它的核心在于制度创新、在于改革,对我们完善资本市场基础性制度建设、深化金融改革开放、推动科技创新都具有重大意义。

当然,设立科创板并试点注册制是一个全新探索,可能会遇到各种各样的困难和挑战。对此,要做好充分准备。根本的应对之策,是完善法制、加大违法成本和监管执法力度,切实树立以信息披露为中心的监管理念,全面建立严格的信息披露体系,完善市场激励约束机制,压实中介机构责任,给投资者一个真实、透明、合规的上市公司。同时,积极推动增加司法供给,大幅提升违法违规成本,严厉打击虚假披露、欺诈发行等各种乱象,净化市场生态。

2.1.2　科创板基本规则

1) 科创板上市条件

(1) 符合中国证监会规定的发行条件;相关规定明确了允许符合科创板定位、尚未盈利或存在累计未弥补亏损的企业在科创板上市,允许符合相关要求的特殊股权结构企业和红筹企业在科创板上市。

（2）发行后股本总额不低于人民币 3 000 万元。

（3）首次公开发行股份达到公司股份总数的 25% 以上，公司股本总额超过人民币 4 亿元的，首次公开发行股份的比例为 10% 以上。

（4）市值及财务指标满足本规则规定的标准。

（5）上交所规定的其他上市条件。

2）首发上市的五套市值指标

不同于在 A 股上市的大型央企和大型企业，科创板设立了五种上市条件，根据不同市值下的发展形势、近况可以选择不同的门槛，即便尚未盈利也可以申请上市。

累计两年净利润超过 5 000 万元，或近一年净利润超 1 亿元，企业预估市值高于 10 亿元。一年营收超 2 亿元，超 15% 的营收总额用于研发投入，企业预估市值高于 15 亿元。

一年营收过 3 亿元，且三年经营活动产生的净额超 1 亿元，市值不低于 20 亿元。

一年营收总额超 3 亿元，企业预估市值高于 30 亿元。

已拥有知名投资机构投资，主要产品或业务经过国家有关部门批准，未来发展前景好且目前已经拥有一定研究成果的企业；医药企业至少取得一项突破性临床成果，总市值不低于 40 亿美元。

3）科创板交易规则

（1）上市后 5 日内不设涨跌幅限制，之后涨跌幅为 20%。

（2）申报数量：单笔申报数量应不小于 200 股，可按 1 股为单位进行递增。市价订单单笔申报最大数量为 5 万股，限价订单单笔申报最大数量为 10 万股。

（3）申报价格：按照股价所处高低挡位，实施不同的申报价格最小变动单位，以降低低价股的买卖价差。

（4）引入盘后固定价格交易。盘后固定价格交易指在竞价交易结束后，投资者通过收盘定价委托，按照收盘价买卖股票的交易方式。盘后固定价格交易是盘中连续交易的有效补充，可以满足投资者在竞价撮合时段之外以确定性价格成交的交易需求，也有利于减少被动跟踪收盘价的大额交易对盘中交易价格的冲击。

（5）相关规则并未提及 T+0。

4）退市及重新上市

触及财务类退市指标的公司，第一年实施退市风险警示，第二年仍然触及将直接退市。

已经明显丧失持续经营能力者,将启动退市。如上市公司营业收入主要来源于与主营业务无关的贸易业务或者不具备商业实质的关联交易收入,有证据表明公司已经明显丧失持续经营能力,将按照规定的条件和程序启动退市。

不再设置专门的重新上市环节,已退市企业如果符合科创板上市条件的,可以按照股票发行上市注册程序和要求提出申请、接受审核,但因重大违法强制退市的,不得提出新的发行上市申请,永久退出市场。

应当退市企业直接终止上市,取消暂停上市和恢复上市程序。

2.2　股权众筹对接科创板的意义与难点

2.2.1　股权众筹对接科创板的意义

股权众筹对接科创板的核心意义在于,股权众筹退出和流动性风险亟待化解。

而探究股权众筹的高风险根源,实则在于退出和流动性问题。股权众筹概念自2011 年在国内诞生以来,一直没有成为优质企业的融资首选模式,其中一个重要原因在于显而易见的流动性问题。由于流动性非常弱,现阶段股权众筹功能的发挥直接受到了制约,由此又限制了股权众筹这一融资模式的规模化发展。具体来说,投资者选择股权众筹模式进行投资,退出是最终的投资目标。但是现实情况是,现阶段股权众筹股权转让、回购、退出制度始终没有建立起来,导致股权退出存在较大困难,由此带来投资风险。可以说,缺乏有效、合理的退出渠道,是股权众筹行业高风险的表现之一。以退出风险为首的股权众筹投资风险仍然居高不下,股权众筹投资者风险承受能力与股权众筹投资的高风险严重不相匹配。最终导致了股权众筹行业发展现状:停滞不前甚至萎缩倒退。

1.1.2 节清楚地显示了中国众筹发展的走势。从 2015 年的暴发到 2016 年开始回落,一直到近两年的停滞状态,除了因为互联网金融行业整体低迷的影响以外,与股权众筹本身一些关键问题没有解决也有很大的关系。就目前来说,虽然股权众筹从诞生之日起就被业内外一些学者和从业者看作是中国多层次资本市场的组成部分,并视为第五板。最显著的表现是,2015 年上半年,时任中国人民银行金融研究所所长的姚余栋率先提出股权众筹"五四三二一"方案。其中的"五"所指的就是把股权众筹定义为新五板。即在主板市场、创业板、中小板、四板之下,股权众筹应成为中国多层次资本市场的底层。

但实际上股权众筹的规则仍旧模糊,究竟是平台各自为政的场外交易模式还是在统一的交易所交易仍无定论,也没有开展对应的试点工作。因此目前,股权众筹并没有与区域性股权交易中心、新三板甚至更高层级的资本市场相打通。受限于不同板块之间的交易规则,通过向四板、新三板转板的方式退出目前基本不现实。因此股权众筹的股权要想退出目前仅仅只有回购和股权转让等非常有限的方式。而同时,由于股权众筹和股权众筹平台的法律地位尚不明确,平台开展股权转让活动被视作违规操作,在现行法律规制下,股权转让操作性极低,还极易违背《公司法》等法律规定。且回购的方式在现实操作中又给投资者带来风险。因为如果项目发展出现问题,项目方往往因为或者自称没有资金而无法完成回购的承诺。而项目发展顺利,由于委托代理行为存在的既有风险又容易导致融资方通过经营数据造假、财务造假等手段,甚至是凭借其对项目实际控制的强势地位、低价回购投资者股权,同样给投资者造成风险甚至是一定损失。

因此,除了融资和红利之外,股权众筹必须真正实现交易,才能真正发挥其功能和价值并且保护投资者利益。同时,股权众筹必须控制风险,因此小额、大众是股权众筹的特征和形式。而要实现小额、大众,就必须是公开发行,同时需要增加股权的流动性。这就要求股权众筹需要建立交易所,并且真正与资本市场其他层级打通。

科创板的诞生,给股权众筹打通资本市场其他层级的可能性,由此为股权众筹退出问题的解决提供了机会。

一是股权众筹与科创板两者的服务对象和价值目标存在高度的一致性。

科创板重点支持新一代信息技术、高端装备、新材料、新能源、节能环保以及生物医药等高新技术产业和战略性新兴产业,推动互联网、大数据、云计算、人工智能和制造业深度融合,引领中高端消费,推动质量变革、效率变革、动力变革。而股权众筹被称为大众创业万众创新的孪生姊妹,服务对象是对创新创业有着重要价值的小微初创企业。其中,高科技和战略新兴产业又是重要组成部分。从历年来股权众筹项目的行业分布情况来看,科技类项目占有较大比例,这一现象是市场选择的结果。科技类企业选择股权众筹模式融资的合理性和优越性:一是科技类企业多为轻资产的运作模式,与以"小额"为特征的股权众筹有天然的亲近性,股权众筹小额分散投资的方式,能够满足初创小微科技企业的融资需求;二是科技型企业目前数量众多,由于缺少抵押和营收,大多难以通过传统渠道获得融资,而被 VC、PE 看上的企业却又凤毛麟角。股权众筹的出现拓宽了这类企业的融资渠道,解决了科技类初创企业融资难、融资贵的问题。因此,股权众筹与科创板的服务对象和价值目标存在高度的一致性。

同时,股权众筹对接科创板的可操作性强于对接四板、新三板。股权众筹属于公募性质证券发行活动,募资企业属于公众公司范畴。而区域股交中心代表的四板和新三板仍属于场外交易,在证券发行的方式、面向对象、融资规模、投资金额等方式方面均存在较大差异。转板将存在非常多的法律和操作障碍,而对接科创板则能够在一定程度上规避上述问题。

股权众筹对接科创板除了解决股权众筹的流动性问题之外,对于科创板本身也有积极作用。通过股权众筹开展融资的科技类企业,在后期的发展过程中如果能够符合科创板高新科技和战略新兴产业企业的性质认定,并达到科创板上市条件,则可以从股权众筹转板科创板。这意味着,股权众筹将成为科创板的预科,为科创板提供优质企业池。股权众筹中符合科创板上市条件的企业可以在股权众筹系统内推 IPO,在股权众筹过程中完成的定期信息披露、财务审计等工作也将为企业在科创板上市提供重要参考。

2.2.2　股权众筹对接科创板的难点

目前,股权众筹对接科创板也面临着诸多问题,难点之一在于股权众筹融资试点始终未建立,业务逻辑和交易模式仍旧没有实质性的探索成果。迟迟未能出台融资试点方案,使得股权众筹服务小微的价值以及包括流动性问题在内的一系列难题的破解仍停留于纸上谈兵。

2014 年,中国证监会下属中证协发布《私募股权众筹融资管理办法(试行)(征求意见稿)》,这份征求意见稿将股权众筹融资模式划分出私募和公募两大类型,并对私募股权众筹监管规则进行了探索,而彼时,国家政策和监管层面尚未对公募股权众筹的法律地位确认和操作规则进行探讨与约束。与政策层相反,民间学界与业界则对公募股权众筹的性质和模式开展了广泛的探讨,一些专家更是在研究西方经验结合中国国情的基础上建议参考 JOS 法案中的《众筹法案》,呼吁中国的公募股权众筹同样实行小额融资的融资方豁免其公开发行证券的注册、审计、承销等环节小额豁免制度。而对于公募股权众筹平台则普遍认为应实行牌照制。

2015 年 7 月发布的《关于促进互联网金融健康发展的指导意见》,作为一份互联网金融方面最重要的文件对互联网金融业态各个业态的概念、性质、定位等基本内容进行了明确界定,其中就包括了股权众筹。而这份指导也因此被视为互联网金融领域的"基本法"和纲领性文件。文件中指出："股权众筹融资是指通过互联网形式进行公开小额股权融资的活动。股权众筹融资必须通过股权众筹融资中介机构平台（互联网网站或其他类似的电子媒介）进行。"

股权众筹被这份纲领性文件定性为小额、面向大众公开发行的证券发行行为，属于公募性质。

公募的融资方式，一方面的确是降低了投资者参与股权众筹的门槛，但是另一方面，监管部门对待面向非特定人群公开发行证券活动之高风险的审慎，直接导致股权众筹投资的基础设施时至今日并没有正式建立起来，公开小额大众这一公募性质的投融资模式没有合法可行的操作方式，也没有合法合规操作的交易场所，最终导致了股权众筹成为禁区，有名无实，行业如明日黄花。

作为股权众筹对口的监管部门，中国证监会过于警惕股权众筹的风险而让股权众筹融资试点陷入难产的困局。对此，监管层应该树立起摸着石头过河的勇气，是采取固定交易场所交易模式，或是通过分散的股权众筹平台独立筛选项目、独立建立交易平台？是建立非合格投资者制度还是非合格投资者与合格投资者并存制度？是设定年融资额上限，还是开放年融资额上限？这些股权众筹的核心操作规则都可以通过一定范围和规模内的融资试点来尝试开展、调整甚至是试错。而不应该因为高风险而投鼠忌器，继续遥遥无期地关门研究，否则将错失股权众筹服务创新创业的最佳时机。

同时，股权众筹向科创板转板在现实中面临着巨大的难题。股权众筹虽然可以成为科创板的预科，但是在实际操作过程中，股权众筹的性质决定了融资企业从股权众筹进入科创板要面临非常大的难度。一方面是股权众筹融资企业需要的是创新创业的小微企业，这类企业要达到科创板上市企业的上市条件，满足五套指标，还有非常遥远的路要走。不仅如此，科创板这场"盛宴"已经开始，各方力量也已铆足了劲要去分一杯羹，港股公司、新三板公司、A 股公司也不例外。从 2019 年 4 月的数据来看，现有申报数量平均每天约 3 家，这还是前期时间紧迫的前提下的申报数量。可以预测，科创板堰塞湖即将形成，会出现排长队现象。在此背景下，科创板能否真正高效帮助股权众筹解决流动性和退出问题？或许在较长的一段时间内这更多的是一种可能性和机会，为股权众筹投融资市场提供市场信心的价值会高于实际功能的实现。

与此同时，股权众筹对接科创板的方式也需要在顶层设计层面做更多的思考。

必须建立起完善的股权众筹转板机制,即科创板需要有一个孵化企业成熟后转板科创板的完善模式。即,企业在科创板期间盈利水平达到创业板最低门槛后,有转板的通道甚至是自动转板的机制。因为股权众筹服务的是初创科技企业。如果早期企业较为成熟后还留在股权众筹板块内,不仅会因影响这些企业的估值,这些企业的定向增发与并购行为,还会给这个股权众筹市场带来资金供求关系的严重失衡。而转板制度的设计,还是需要考验政策层和监管层的智慧。

第 3 章　众筹全球发展概况

众筹行业的发展在国外起步相比国内更早,在众筹规模、相关机构与组织建设以及众筹监管政策方面与我国相比均存在一定程度的差异,通过国外众筹发展概况的研究,能为我国众筹行业的发展提供参考。本章首先梳理了全球众筹统计数据,因全球数据统计周期较长,本章数据存在一定程度的滞后性,但对于了解全球众筹行业发展全貌仍然有很大帮助。然后,本章介绍了美国、加拿大、以色列的众筹相关组织,并且通过对欧洲众筹报告的翻译,介绍了欧洲众筹行业发展趋势及潜在风险,希望能为我国行业组织的发展及对众筹行业未来趋势的把握提供启发。最后,将国内外众筹相关政策进行对比,以期为我国众筹监管政策的出台提供借鉴。

3.1　2017 全球众筹统计数据

根据 Statista 统计数据,2017 年全球众筹数据按众筹类型统计,如图 3-1 所示,P2P 借贷共筹集资金 250 亿美元,权益众筹与公益众筹共筹集资金 55 亿美元,股权众筹共筹集资金 25 亿美元,相比 2016 年,略有增加(注:国外统计数据通常将 P2P 借贷统计至众筹融资总量),但增幅不明显。从图中也可以看出,相比 P2P 借贷,众筹融资数量还较小。

按地区来看,如图 3-2 所示,2017 年北美洲募集资金数量最多,总计 172 亿美元,其中美国、加拿大贡献了很大部分,亚洲募资金额低于北美洲,筹资金额 105.4 亿美元,其次是欧洲为 64.8 亿美元。由数据可以看出,北美洲在众筹领域较其他地区较为突出,这与美国、加拿大在众筹监管方面做出的努力有一定的关系。

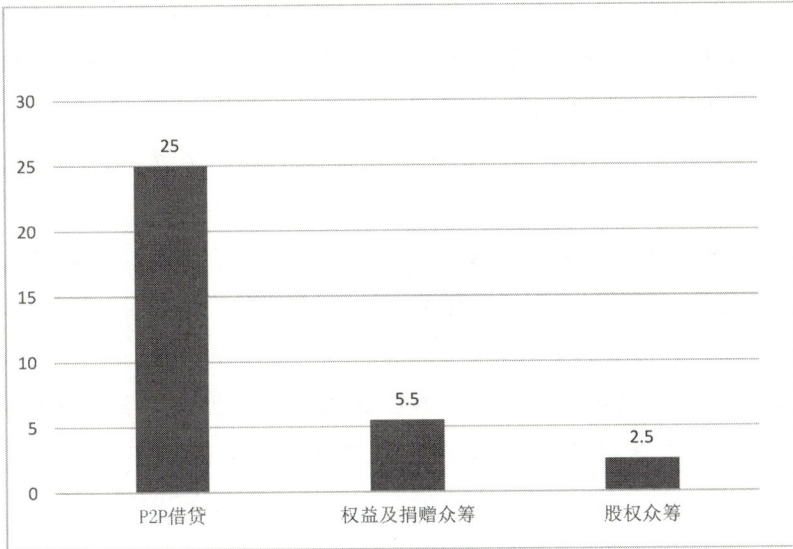

图 3 - 1　2017 年全球众筹数量（按类型）（单位：10 亿美元）

数据来源：Statista 数据库。

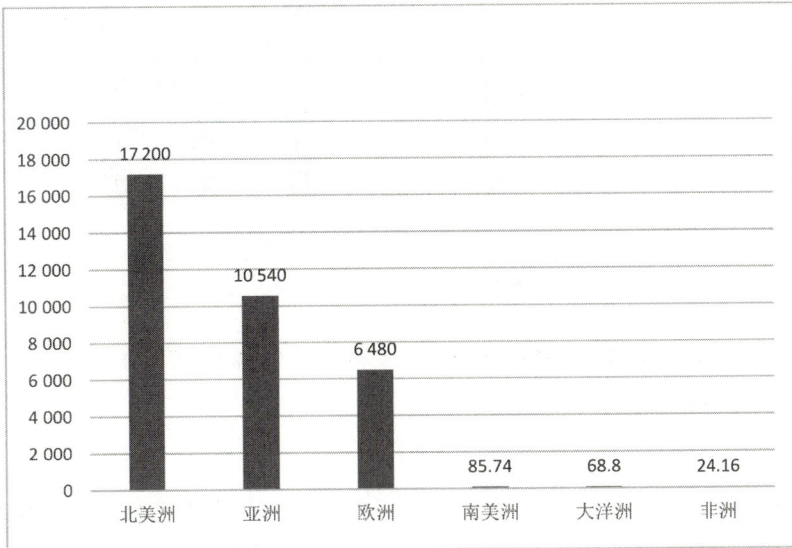

图 3 - 2　2017 年全球众筹资金数量（按地区）（单位：百万美元）

数据来源：Statista 数据库。

Statista 数据库根据历史数据积累,提供了专家预测数据,如图 3-3 所示,通过众筹行业预测数据可以让行业相关人员对众筹行业的发展趋势有基本的把握。根据其 2019 年 1 月公布的数据来看,主要包括以下几个要点:

(1) 2019 年众筹行业的交易金额将达到 68.39 亿美元,同比 2018 年增长 30.3%。

(2) 众筹行业的交易金额预计在 2019 至 2022 年间将保持 17.1%的复合年增长率,到 2022 年交易金额将达到 109.9 亿美元。

(3) 2019 年众筹项目的平均筹集资金金额将达到 787 美元。

从全球众筹总交易金额来看,2019 年至 2022 年期间仍保持增长趋势,但增速在 2019 年之后将逐步放缓,预计在 2019 年交易金额达到 68.38 亿美元。

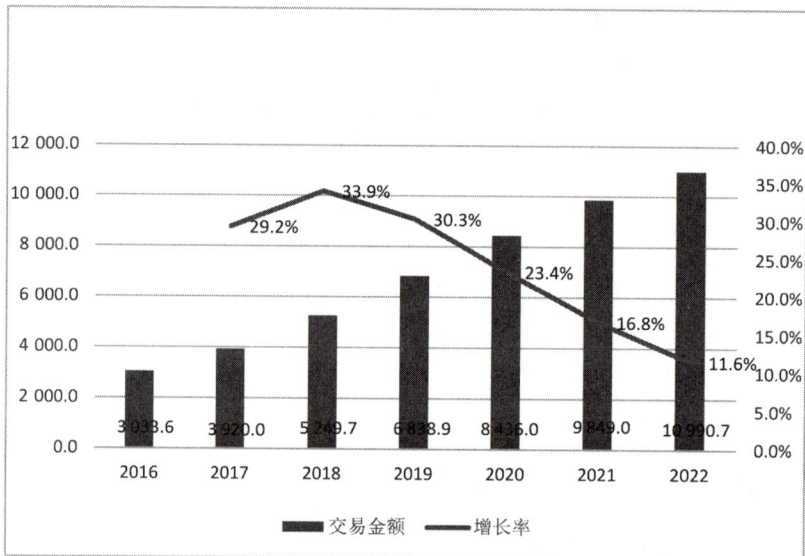

图 3-3 2016—2022 全球众筹交易金额数(单位:百万美元)

数据来源:Statista 数据库。

从全球众筹项目数量来看,如图 3-4 所示,在 2019 年全球众筹项目数量预计为 868 万个,之后逐步增加,在 2020 年众筹项目数将突破千万个。

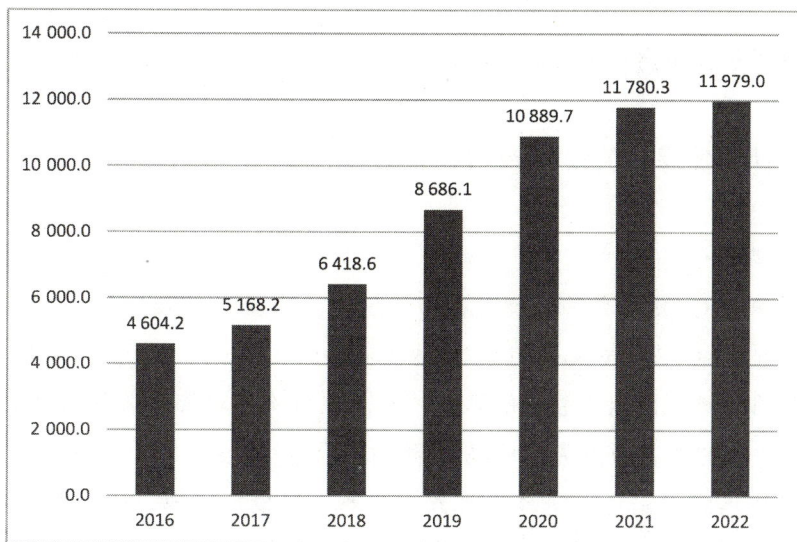

图 3 - 4　2016—2022 年全球众筹项目数量（单位：千个）

数据来源：Statista 数据库。

从项目平均筹资金额数来看，如图 3 - 5 所示，2019 年平均筹资金额为 787 美元，2020 年平均筹资金额基本不变，2020 年之后有所增长，在 2020 年将达到 918 美元。

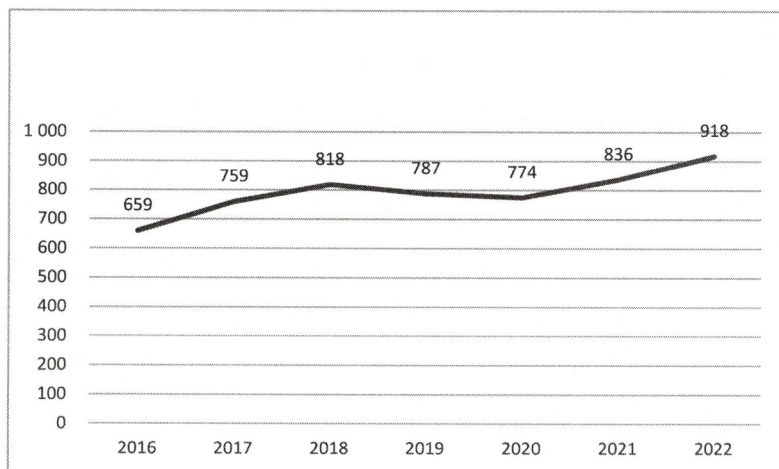

图 3 - 5　2016—2022 全球众筹项目平均筹资金额（单位：美元）

数据来源：Statista 数据库。

上述提供数据虽然均为预测数据,但依旧可以看出全球众筹行业在稳步发展中。

3.2 国外众筹相关机构及组织

3.2.1 美国

Crowdfund Capital Advisors(CCA)是美国一家出色的众筹投资咨询机构,该公司由 Jason Best,Sherwood Neiss,Zak Cassady－Dorion 共同创立,被公认为全球众筹投资和早期风险融资领域的思想领袖。该机构对众筹行业的研究深入,且对美国 JOBS 法案的颁布做出了贡献,机构致力于众筹行业的研究,曾与加州大学伯克利分校以及雷鸟商学院合作研究未来五年众筹市场投资规模。通过撰写众筹行业白皮书,向相关行业者揭示众筹投资如何提高 GDP、创造就业机会,以及如何促进发达国家和发展中国家的政治稳定。总而言之,CCA 是一家专业的研究咨询机构,产出了众多高质量的研究报告,是众筹行业从业者的领路人。

CCA 主要为政府及多边组织、众筹企业、个人投资者提供咨询服务。

1)政府及多边组织

CCA 针对政府的咨询服务主要包括五个方面,国家(区域)宏观研究、举办会议及研讨会、指导投资及创办基金、教育培训服务、为政策提出及监管提供建议。CCA 通过对区域创业公司和中小企业生态系统进行深入的分析,确定创业公司早期资本存在的差距,进而分析众筹在这期间如何进行填补空白,最终产出对于当地利益相关者、政策制定者、监管者工作有指导意义的研究报告,这些报告的着眼点大多是研究众筹如何促进当地创新、创业以及就业等宏观层面。在完成国家(区域)宏观分析的基础上,CCA 针对特定项目提供咨询服务,例如通过圆桌会议或研讨会,研究讨论得出具体建议及报告。此外,为了提高投资效率,CCA 还与全球风险投资公司合作,在对行业宏观研究的基础上,制定投资计划,并推动建立众筹生态系统投资基金。更为重要的是,CCA 将自身经验沉淀下来,对政府及相关企业提供培训服务,开展培训师计划,在全球范围提供面对面的指导。

2)企业

CCA 为众筹相关企业提供技术服务咨询,随着众筹技术和服务的激增,企业对哪些技术和服务是最好的存在很多困惑,CCA 帮助众筹企业选择最佳的购买或构建解决方案。除此之外,CCA 也为一些非众筹相关但想了解众筹相关信息的企业提供咨询服务,帮助其构建自下而上针对社区的创新性产品及服务。

3)个人投资者

投资众筹相关活动是一项高风险活动,CCA 提供投资者教育服务,帮助投资者构建投资组合,适当分散风险,更好地参与到众筹投资活动中。

除了提供咨询服务外,CCA 在众筹行业数据方面做得也较为出色,CCA 创建了最全面的众筹行业数据库 CCLEAR(Collect,Clean,Aggregate and Report)。2016 年其该数据库已全面开始启用,该数据库收集了超过 153 个数据点的数据,其中包括 64 个字段,数据展示维度包括每日行业数据、美国各州数据、众筹门户网站数据等。该数据库的使用客户包括:①投资者及对冲基金,帮助其了解人群喜好及资本流向以确定早期风险投资机会;②监管机构和政府组织,帮助其了解众筹对区域、国家经济以及就业机会的影响;③媒体;④众筹行业相关者,帮助众筹平台了解行业发展情况。

CCA 致力于为众筹行业相关人员提供战略服务和咨询建议,为专业投资者创造专有交易流,为企业提供更好的资金获取渠道,为政府提供政策和监管创新,再加上完备的数据支撑,使得其成为一家专业的众筹垂直领域咨询机构,其经验值得全球其他希望发展众筹行业的国家借鉴。

3.2.2 加拿大

1)加拿大众筹数据概况

根据 NCFA 公布的数据,如图 3-6 所示,截至 2018 年 9 月,加拿大各省中,安大略省在众筹行业发展较好,能够提供众筹服务的网站有 61 家,其中众筹门户网站有 24 家,股权众筹网站 13 家。其次是不列颠哥伦比亚省,能够提供众筹服务网站17 家,众筹门户网站 8 家,提供股权众筹服务的网站 4 家,单从数量上看,其与安大略省相比还有较大差距。

2)加拿大众筹协会

加拿大金融科技众筹协会(National Crowdfunding Fintech Association,NCFA)是一个为成千上万的社区成员提供教育、市场情报、网络和资金机会等服务的金融生态系统,并试图与行业、政府、合作伙伴及相关机构密切合作,在加拿大建立充满创新活力的金融科技融资氛围。NCFA 的会员包括:金融科技初创企业、寻求资本的企业家、投资者(包括私人、天使、风险投资)以及新兴数字经济中的行业参

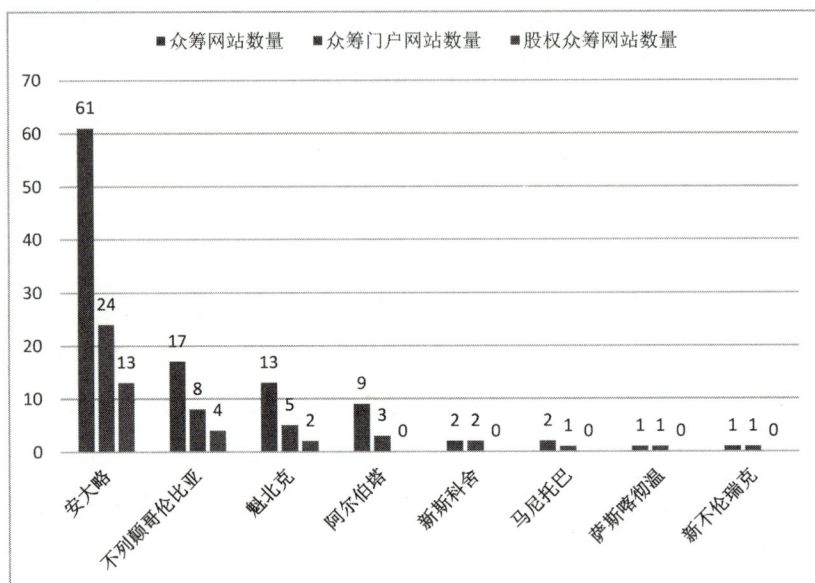

图 3-6　2018 年加拿大各省众筹网站数量分布情况

数据来源：https://ncfacanada.org/。

与者,如特许经销商、顾问、营销/媒体/公关以及金融专家、律师、会计师等,协会成员共同致力于建立和推进创新资本市场模式、基础设施和金融产品及服务。虽然加拿大成员是该协会的重点,但 NCFA 也保持对国际成员的开放和包容,并与世界各地的金融科技领导者和全球社区建立了庞大的网络,共享经验、教育和服务。

关于众筹法规,加拿大曾作出尝试。2015 年 5 月 14 日,加拿大不列颠哥伦比亚省、萨斯喀彻温省、曼尼托巴省、魁北克省、新不伦瑞克省和新斯科舍省六省共同宣布了众筹豁免条例,鼓励初创期和早期阶段的企业利用在证券监管机构注册的在线门户网站,从大量潜在投资者处获得融资,该豁免条例将于 2020 年 5 月 13 日到期。加拿大证券管理机构(CSA)计划起草具有与众筹豁免条例相同效力的条例,以助力初创企业通过众筹融资发展。对此 CFCA 发表了协会的看法,认为虽然豁免条例存在一定的风险,但是风险并不能证明增加许多限制即是合理的,反而增加限制带来的影响会限制或阻止加拿大初创企业的发展。并针对提出的问题给出建议,主要包括以下几点:①统一协调整个加拿大的众筹启动要求;②允许广告和更大范围募资(或使其更容易);③提高所需审核或经审计财务报表的门槛;④允许合格的投资者充分参与;⑤消除小额投资者上限(或至少增加额度);⑥为审计的财务报表提供合理的自动消减条款;⑦增加分发报告的提交期限。

可以看出,NCFA 希望能争取宽松的监管环境,进而促进加拿大众筹行业的发展。对此他们也做出许多积极的努力,在 NCFA 向安大略财政部的信中认为目前的众筹相关要求过于规范,复杂且繁琐,即代价较为高昂,许多小公司认为筹集资金极具挑战性,市场存在"资金缺口",这意味着初创企业将因为难以维持而减少,投资者机会减少,这将许多有才华的企业家、投资者和主要利益相关者推向支持创新和初创企业和小企业发展的海外。鉴于英国、美国在众筹监管领域有较为出色的表现,例如 2016 年英国众筹活动蓬勃发展,其股权众筹占到股权总体交易的 25%;2016年,共有 134 000 家小型企业从众筹中受益,而加拿大只有 7 450 家,美国企业占绝大多数,NCFA 强烈建议加拿大向英美两国学习。最后 NCFA 建议:

(1)努力地协调和减少不合理的监管负担。鼓励安大略省政府致力于精简全国的监管,减少破坏初创公司的资本形成等一些不必要的负担,并提供所需的资源和支持,以鼓励众筹部门进而提高安大略省的竞争力。

(2)发挥政府在监管变革方面的领导作用进而促进监管变革。众筹行业需要获得财政部的支持,帮助建立相关数据库,对加拿大与英美政策进行比较分析,形成自身的监管规范。

(3)解决紧迫的问题并实施具体监管变革方案。例如放宽过度规范的限制条件,填补该领域的教育及资源缺口。

总之,NCFA 作为加拿大众筹行业协会,发挥了其应具有的作用,致力于促进众筹行业发展,推动监管改革,是加拿大众筹行业有力发展的保证。

3)加拿大重要的众筹平台

(1)FundRazr。

FundRazr 成立于 2009 年,公司位于加拿大温哥华的盖斯镇中心,现任 CEO 为 Daryl Hatton,其也是 NCFA 的会员,公司业务是为初创公司、慈善机构和个人筹集资金。到目前为止,我们的在线筹款平台已经为全球数十个国家的 140 000 多个活动筹集了超过 1.25 亿美元的资金。FundRazr 与 CoCoPay、Sponsifi 合作成立 ConnectionPoint 品牌,联合为众筹及电商领域提供强大的商业解决方案。CoCoPay 是一家众筹社区支付工具,可以支持将用户众筹的资金集中到公司账户中,减少了中间环节,Sponsifi 也是一家擅长数字营销的众筹平台。在 FundRazr 上发布的众筹项目都经过严格的审核,每个项目在平台上披露的信息都较为完善,在平台上可以清楚地看到项目介绍,项目大多都有上传的图片,有的项目还有视频,用户还可以看到当前众筹金额及进度,众筹结束时间等信息。

(2) FrontFundr。

FrontFundr 是加拿大一家出色的股权众筹机构,也是 NCFA 的会员之一,该平台与其他平台相比做得比较好的一点在于,在官方网站上明确提示了投资人需要具备的条件,包括如下内容:① 个人每次投资额应不超过 1 500 美元;除非 FrontFundr 认为投资人资质较好,并且投资总部位于不列颠哥伦比亚省、阿尔伯塔省或萨斯喀彻温省,在这种情况下,投资限额可以增加到 5 000 美元。② 不列颠哥伦比亚省的购买人签署证券购买协议之前,发行人须获得买方签署的风险确认表或向买方提交按要求格式编制的发行备忘录。

投资人所拥有资产需满足以下条件:① 在最近两年中,每一年的税前净收入均超过 200 000 美元(或与配偶的合并收入为 300 000 美元),且合理预期该净收入将超过当年的净收入。② 个人或与配偶在税前拥有至少 100 万美元的金融资产(包括现金和证券)。在计算个人金融资产时,必须扣除为取得该等资产而招致的任何未偿还贷款。③ 单独或与配偶共同持有至少 500 万美元的净资产或是一家公司、有限合伙企业、信托或不动产,净资产至少为 500 万美元。

除以上所列条款外还有一些其他提示条款,这些限制条件均依据于加拿大豁免条例,可以看出 FrontFundr 是一家谨慎且非常重视投资人利益的平台。

3.2.3　以色列

以色列近年来创业风气较好,越来越多的投资人去以色列考察,希望投资优秀的技术创新企业,OurCrowd 作为一家众筹平台充当了筛选优质项目的角色。OurCrowd 成立于 2013 年,是一家股权众筹平台,总部位于耶路撒冷,由众多经验丰富的投资专业人士组成,它采用"风投＋众筹"混合 VC 的模式,助力全球合格的投资人寻找优质的以色列项目。公司致力于为个人投资者提供优质的创业投资途径。OurCrowd 的创始人 Jon Medved 在创办 OurCrowd 之前就是一位出色的创业者,几年时间内就带领 OurCrowd 成为全球出色的股权众筹平台,并且曾在 2016 年被"Fintech 100"评为全球最具创新的十大金融科技(Fintech)公司之一。截至 2019 年该平台已经募集资金 9 亿美元,该平台上注册的投资者累计 30 000 用户,投资人来自全球 150 多个国家。

　　Jon Medved 曾表示希望将公司打造成众筹领域的高盛集团,确保投者和被投企业的高端性。一方面,OurCrowd 平台上的项目是经过层层筛选,在海量初创项目中脱颖而出的项目。公司项目团队会拒掉 98% 的项目,然后对精选出来的每一个项目OurCrowd 会领投 5%,并附上对每个项目十页纸的解读,其他投资人只需在平台上挑选自己中意的项目即可。另一方面,在全球不同国家,OurCrowd 对投资人的限定要求也不尽相同。美国投资人起码年收入达 20 万美元,或净资产达 100 万美元(这也是美国证监会定义的可投资于私募发行证券的投资人标准);中国合格投资人年收入 30 万,或拥有 500 万人民币净值(不包括房产)。所有投资人的最低投资额度是一万美元。此外,OurCrowd 投资人能拥有董事会席位,当然为了对广大投资人负责,能被选中的基本都是经验丰富的 CEO 或董事长级别的人,能为公司带来积极正面的影响。OurCrowd 独特的模式决定了其平台上的投资人能获得有限合伙权,优先股购买权,及防止股权稀释等权利,无论是平台还是其投资人都会是最早做首次公开募股的股权众筹公司的受益人。Medved 凭借自己丰富的投资经验,鼓励多元化投资组合。目前 OurCrowd 平台上退出的公司已有四家,其中一家是在美国纳斯达克上市的外骨骼系统提供商 ReWalk Robitcs,这个项目虽然给很多投资人带来了不菲的回报。但他不建议平台上的投资者只投一两个项目,而应该着眼于各个新兴行业,例如涵盖大数据、医疗、移动、电商、软件、网络安全、能源和农业技术等。他认为个人投资者没有对未来预判的能力,要尽可能地规避风险,应该倾向于多元化投资。

　　OurCrowd 能迅速崛起得益于“来自以色列”这个标签。这不仅体现在以色列股权众筹的自由化法律进度比美国及其证监会领先一步上,更重要的是,当全球投资人对以色列科技创新表现出浓厚兴趣,想跃跃欲试,却不知从何“下手”时,OurCrowd 满足了他们的投资需求。

　　自 2016 年起,OurCrowd 开始举办全球投资人峰会,得到世界各国的积极响应,该峰会为世界各国投资人和优秀企业提供了交流平台,为该行业的发展做出了突出贡献。

3.3　欧洲众筹报告

2016 年 5 月 3 日,欧洲众筹联合网(ECN)在布鲁塞尔发布《众筹在欧盟资本市场的发展》报告（Crowdfunding in the EU Capital Markets Union），本报告表明为了促进众筹的发展并适当保护投资者的合法权益，欧盟成员国实施一系列措施来规范集资环境，在适当的地方采用欧盟的立法框架或采用国家政治制度。众筹当前在欧洲的覆盖面仍然较小，需要更多创新和发展空间，从未来的发展趋势来看，众筹活力和潜力延伸海外，逐步实现业务跨境发展，对欧洲众筹业务和国家监管框架的实效性和宽松度最为重要。

与其他研究机构发布报告相比，该报告较为权威，虽然统计数据较为滞后，但对于欧洲众筹行业的研究较为深入透彻，本节通过对部分重点内容的翻译，希望能对我国众筹行业的发展规划提供启发。

3.3.1 引言

扩大创新公司、初创企业和其他非上市公司（包括中小企业）的融资渠道是资本市场联盟行动计划的核心。初创公司平均只占就业的 17%，但他们创造了 42% 的新工作岗位。因此，在欧洲，这些公司的成功对于就业和经济增长的未来至关重要。然而，在当今的经济环境中，确保投资融资对这些公司来说具有挑战性，特别是当它们从初创阶段进入扩张阶段时。即使在整个危机期间银行融资渠道保持稳定的国家，年轻创新型企业获得融资也是一个问题。由于银行融资需要强大的本地网络和关系，欧盟中超 60% 的中小企业认为获得未来融资受到限制。为补充银行融资，众筹的作用逐渐凸显，与所有投资一样，众筹也会为散户投资者和微型企业带来许多风险，例如项目流动性风险，平台失败风险，投资者缺乏经验，投资的可靠性，监管风险。但是通过适当的投资者保护保障措施，众筹可以成为支持创造就业、经济增长和竞争力的非银行融资的重要来源。

欧洲议会 2016 年 1 月 19 日关于评估和欧盟金融服务法规的挑战的决议强调了创新的市场资金的潜力，特别是金融技术的机会，包括众筹和 P2P 贷款，并强调需要精简各自的监管要求。该决议要求委员会为这些新模式的出现提供喘息的空间，并探索和促进这些模式，优先考虑其跨境层面并确保减少市场准入壁垒。

3.3.2 欧盟众筹市场的现状

众筹在一些成员国中发展迅速。据统计，2015 年欧盟通过众筹平台成功筹集了42 亿欧元，其中 41 亿欧元是通过经济回报型众筹模式筹集的。表 3—1 显示了 2014年欧盟众筹总金额、平均金额、项目数量和每种众筹的平台数量，数据覆盖率约为估计市场总规模的 68%（按欧元计算），数据中包括了贷款、股权、奖励、捐赠和其他众筹模式。该研究的收集截至 2014 年 12 月 31 日 510 个在欧盟及其他地区正在运行平台的数据。如表 3-1 所示,502 个平台位于 22 个成员国,8 个平台位于其他国家(澳大利亚,加拿大,中国,新西兰和美国)。大多数平台位于英国(143),其次是法国(77)和德国(65)。大多数平台(30%)都参与了基于权益的众筹,其次是参与股权众筹的平台(23%)和基于贷款的众筹的平台(21%)。

表 3-1　2014 欧盟众筹数据

类型	募集资金总额 (欧元)	平均筹集资金 (欧元)	项目数量	平台数量
股权(equity)	422 039 462	504 832	836	60
债券(bonds and debentures)	103 368 785	1 590 289	65	8
贷款(loans)	3 209 368 439	15 688	204 575	77
有担保的商业贷款(secured business loans)	453 423 956	79 132	5 730	6
无抵押商业贷款(unsecured business loans)	728 839 337	58 154	12 533	16
有担保的个人贷款(secured individual loans)	63 497 821	35 834	1 772	3
无抵押个人贷款(unsecured individual loans)	1 266 723 276	7 082	178 854	14
收入分成(revenue-sharing)	69	69	1	1
发票交易(invoice trading)	348 547 943	59 898	5 819	1
社区分享(community shares)	7 183 406	478 894	15	2
小额贷款(microloans)	5 186 566	739	7 014	5
回报(rewards)	96 899 235	4 573	21 538	127
捐赠和小额捐赠(donations and microdonations)	25 264 527	2 938	8 634	63

数据来源：Crowdsurfer Dashboard（www.crowdsurfer.com）.

2014 年,股权众筹筹集的平均金额为 260 000 欧元,基于贷款的众筹筹集的平均金额为 11 000 欧元,通过股权众筹平台筹集的平均金额增长了 21%(从 215 000 欧元增加到 260 000 欧元）。2015 年英国另类财务报告证实了这一趋势,该报告显示英国的平均交易规模为 523 978 英镑,比 2014 年的平均值 199 095 英镑大幅增加。

欧盟各会员国之间的众筹行业存在显著差异,2014 年度股权众筹项目,英国市场份额最大为 8 900 万欧元,其次是法国 1 900 万欧元和德国 1 800 万欧元。而贷款众筹项目,2014 年英国拥有 16 亿欧元市场,其次是爱沙尼亚 1 700 万欧元和法国 1 200 万欧元。

英国相关部门调查表明,通过替代金融平台向英国以外的个人、项目或企业筹集的资金很少甚至没有,但是超过一半的受调查平台报告了一定程度的资金来自海外,约 17% 的资金来自中国及其他国家。对于 P2P 商业贷款平台,报告的跨境活动很少或根本没有。然而,对于基于股权的众筹,来自海外的加权资金和流向海外个人、项目或企业的资金分别为 12% 和 5%。

关于全球趋势,相关调查表明,2014 年众筹数量增长了 167%,从 2013 年的 61 亿美元增加到 162 亿美元。北美仍然是众筹数量第一的地区,增长了 145%,并提高了总计 94.6 亿美元。亚洲众筹量增长 320%,达到 34 亿美元,超过欧洲(估计为 32.6 亿美元)。

3.3.3　众筹的新兴趋势

由于众筹是一种相对较新的融资工具,该行业正在进行大量创新。虽然无法预测这种快速变化的现象在未来会如何演变,但专家的观点给出了新兴趋势和创新商业模式的想法。

欧洲证券市场管理局 2014 年关于基于投资的众筹的意见和建议没有确定众筹对金融稳定造成的重大潜在风险,因为市场规模及其性质都很小。同样,欧洲银行管理局 2015 年关于基于贷款的众筹的意见确定了借款人、贷款人和平台的风险,而不是整个金融系统的风险。

预计未来众筹行业日益增长的趋势是众筹的制度化,尤其是对投资者而言。在基于股权的众筹方面,越来越多的风险资本和天使投资者正与“大众投资者”一起或同时进行共同投资。“机构投资者”类别相当广泛,包括银行、共同基金、对冲基金、养老基金、资产管理公司,但也包括地方当局和国家开发银行。

另一个趋势是众筹平台的整合。2014 年 12 月 31 日,欧盟共确定了 510 个众筹平台。平台总数与 2013 年相比增长了 23.2%,平台的增长率从 2010 年的 74.3% 的峰值开始放缓,新平台发布的总数从 2013 年的 133 个下降到 2014 年的 96 个。这一趋势得到了 2015 年英国另一类金融行业报告的证实,在英国,平台数量的同比增长率正在放缓,从 2013—2014 年的 161% 降至 2014—2015 年的 84%。

　　尽管有一些资金寻求者利用一个平台进行一轮以上的融资的例子,但现有平台要维持足够的项目流水线,使其能够以目前的速度增长,将是一项挑战。最近的一项研究显示,在 2011—2013 年期间,通过英国五大众筹平台吸引投资的 367 家企业中,只有 22% 的企业通过出售或其他退出方式以更高的估值筹集资金,或为投资者实现回报。

　　事实上,众筹平台的国际化是另一个新兴趋势,其驱动力是需要提高规模经济,从而扩大投资者基础和寻求资金的项目管道。跨境众筹活动更有可能发生在平台或项目位于较小会员国的地方,这些国家的市场可能不够大,无法确保平台活动的可持续性。

　　就基于证券的众筹领域的新细分市场而言,除了对技术初创企业的投资之外,这些活动更侧重于传统行业,并寻求促进现有行业(如房地产)的非中介化。相关研究发现,很少有参与平台以多种融资方式运作,但在更基础的领域,如可再生能源、学生贷款和房地产领域,活动有增加的趋势。

　　另一个趋势是在众筹项目中出现了有组织的证券或贷款二级市场,尽管这种服务还不系统。例如,平台可以提供在线公告板,将打算出售其投资的投资者与希望投资以前资助项目的潜在买家联系起来。投资者可以直接提供或竞标证券并协商价格,一旦销售达成一致,证券就会从投资者账户转移到另一个账户。另外众筹平台还可以与现有的非上市公司市场合作,从而使投资者能够买卖通过众筹平台提供的证券。

　　另一个重要的趋势是关注潜在投资者对众筹机会和风险的认识。

　　从布莱顿大学用户角度进行的众筹调查初步结果显示,P2P 借贷的投资者更关心回报,而兴趣和兴奋是通过股权众筹进行投资的更重要动力。不良的回报或损失是最重要的风险因素。目前来看,平台似乎已经赢得了投资者的信任,这意味着平台对于他们的实际和潜在用户保持良好的声誉非常重要。一些股权众筹投资者已经开始收到股息或类似回报;也有投资者还没有收到回报,但他们意识到这需要时间。就未来回报而言,P2P 贷款的投资者预期约为 4% 至 6%,而股票众筹的投资者预期约为 1% 至 15%。

3.3.4 众筹的潜在风险

众筹规模虽然目前相对较小,但有可能在就业和增长方面为欧盟经济带来重大利益,特别是为初创企业、中小企业和非上市公司提供替代资金来源。与此同时,与任何类型的投资一样,需要在确保适当保障的同时实现这些效益的促进。

基于投资的众筹可能带来的风险与那些更普遍的投资如非上市股票或债券等所提供的证券类型或通过其他金融中介渠道可能产生的相关风险是共同的。这些风险可能包括:投资者损失部分或全部资本或未获得预期收益;在股权众筹的情况下公司进一步融资后股权的稀释;缺乏二级市场无法退出投资;信息不足或无法正确定价所投资的证券或错误信息;发行人、平台和投资者之间的利益冲突和错位;平台运营商的破产,特别是关于对股息和利息支付的索赔持续服务以及对客户资产的保护;客户数据的安全性;欺诈以及平台的相关声誉风险。

1)监管环境

作为实现众筹发展的基础,在确保风险得到适当缓解并且投资者得到充分保护的同时,七个欧盟成员国为众筹活动引入了定制监管框架,用来约束发行人、平台和投资者。

(1)获得授权。

欧盟成员国的众筹平台有四种广泛的授权模式,其中一些授权模式并不相互排斥,实际上它们在某些成员国中一起使用。

① 金融工具市场指令下[①](MiFID)的授权。

基于投资的众筹平台通常必须根据 MiFID 进行授权,因此可以从中获益,以便在整个欧盟范围内开展受管制的服务和活动。在这种情况下,众筹平台提供与指令中所列金融工具有关的投资服务(如 MiFID 附件 1 A 部分所列),特别是可转让证券

---

① 欧盟金融工具市场法规(MiFID,Markets in Financial Instruments Directive)在欧盟所有成员国实施,旨在促进欧盟形成金融工具批发以及零售交易的统一市场,同时在多个方面改善对客户的保护,其中包括增强市场透明度、出台更符合惯例的客户分类规则等。同时 MiFID 监管的对象还包括在交易所交易的商品衍生品以及柜台产品,投资咨询类公司——全球投资银行和作为卖家的经纪商。现加入的国家有:英国、法国、德国、意大利、荷兰、比利时、卢森堡、丹麦、爱尔兰、希腊、葡萄牙、西班牙、奥地利、瑞典、芬兰、马耳他、塞浦路斯、波兰、匈牙利、捷克、斯洛伐克、斯洛文尼亚、爱沙尼亚、拉脱维亚、立陶宛、罗马尼亚、保加利亚。MiFID 要求任何提供"投资服务"的公司只要位于属于欧盟经济区的成员国国家境内,就将受到 MiFID 的影响,哪怕他们的客户是在欧洲之外。

(如股票和债券)或单位集体投资事项。

② 根据 MiFID 第 3 条豁免的国内定制制度。

在两个成员国中,平台可以根据 MiFID 第 3 条规定的豁免制定的国内定制制度进行授权。在这些情况下,授权平台可以在国家层面进行与 MiFID 金融工具相关的众筹相关服务和活动。但是,这些平台不允许在整个欧盟范围内进行活动,除非他们寻求完整的 MiFID 授权。在有些成员国,受第 3 条豁免管制的平台被授权提供 MiFID 服务,即"订单接收和传输"(RTO),在这种情况下,平台只能向授权实体提供订单服务。在有些成员国,平台需要提供"投资建议"服务。

③ 授权与非 MiFID 金融工具相关的服务和活动。

一些成员国的国内制度侧重于规范众筹平台的服务和活动,这些平台是不符合 MiFID 规定的金融工具的中间工具(例如,"不易实现的证券")。当平台不提供与可转让证券或其他 MiFID 金融工具有关的服务时,他们无需根据该中介指令获得授权。但是,平台可以根据相关的定制制度在国家层面授权中间非 MiFID 工具,同时寻求 MiFID 授权,开展与可转让证券和其他 MiFID 金融工具相关的服务和活动。

④ MiFID 框架之外的授权。

其他成员国已经在 MiFID 框架之外开发了其国内定制制度,因为他们认为投资者可以通过不在 MiFID 范围内的平台访问 MiFID 金融工具,因为这些平台不执行任何 MiFID 服务或活动。

(2) 商业行为、利益冲突和组织规则。

根据授权类型,不同的资本要求、业务规则、利益冲突规则和组织要求如下:

① 平台的最低资本要求。

根据 MiFID,初始资本要求为 730 000 欧元,或者,如果公司接收和发送订单和/或执行订单和/或管理投资组合,持有客户资金,但不自行交易,则为

125 000 欧元。如果公司无权持有客户资金,成员国可以将上述 125 000 欧元的初始资本要求降低到 50 000 欧元。MiFID 中监管资本要求的目的之一是保护投资公司的客户免受公司破产的风险,并确保运营的连续性。

平台应符合相应的资本要求或类似机制,以保障运营连续性。一般来说,资本要求的水平是根据平台提供的服务和平台进行的活动来调整的。在某些情况下没有资本要求,或资本要求从相对较低的水平开始,也可能被合格的赔偿保险所取代。在一个会员国,资本需求随着筹资金额成比例增加。

② 平台上的利益冲突规则。

MiFID 授权平台必须维护和有效运营组织和行政,以采取一切合理措施防止利益冲突对其客户的利益产生不利影响。

对于未经 MiFID 授权的平台,一些国内定制的制度也直接解决利益冲突问题。范围包括要求平台能有效识别控制和管理潜在利益冲突,向用户披露利益冲突管理政策,限制或彻底禁止平台作为发行者或投资者的行为,此外一些会员国将利益冲突规则扩展到平台的董事或雇员。

③ 在平台上执行业务要求和组织规则。

如果平台在 MiFID 范围内运行,则应符合一系列组织和业务要求。例如,确保客户资产受到保护、平台的行为符合客户的利益。

如果平台在 MiFID 范围之外运营,则平台组织安排和业务开展需要符合各成员国共同认可的要求。例如,平台需要表现出良好的声誉、专业性和能力;平台需要能够确保投资者了解投资的特征和风险。

此外,《不公平商业惯例指令》规定了商业行为的一般义务,并要求贸易商在与消费者的关系中按照专业尽职调查的要求行事。

2) 投资者保护措施

此外,欧盟的规则和定制制度都规定了投资者保护措施。

(1) 投资人。

在 MiFID 范围内运营的平台可能需要进行适用性测试或适当性测试,具体取决于他们提供的与金融工具相关的服务。大部分成员国都规定了限制投资人要求的政策,以确保投资人能充分认识到可能存在的投资风险。有些成员国要求平台必须确保投资符合投资者的经验、财务状况和风险偏好。有些成员国要求平台必须确保投资者检查监管机构提供的投资者教育信息,对投资特征和风险问卷进行积极回应,并且能够积极地承担完全的投资损失。

此外,根据反洗钱指令(AMLD),在 MiFID 下运营的平台将自动受到反洗钱和恐怖主义融资规则的制约。即使他们在 MiFID 之外运营,平台也可能提供支付服务指令(PSD)意义上的某些支付服务,因此受 AMLD 约束。对于 MiFID 和私营部门司未涵盖的平台,成员国通常会在其国内定制制度中规定遵守反洗钱和恐怖主义融资立法的规则。

(2) 发行人披露要求。

招股章程指令(PD)要求招股说明书由本国成员国的国家主管当局批准,并在向公众提供证券或在受监管市场上进行交易时发布。此要求仅适用于 MiFID 中定义的可转让证券。因此,发布招股说明书的义务可适用于通过众筹平台提供的证券。

但是,制定统一的欧盟招股说明书的义务仅适用于总代价 500 万欧元的情况。对于低于 500 万欧元的要约,愿意通过众筹平台提供证券的发行人或要约人可能需要也可能不需要出示欧盟招股说明书,具体取决于有关成员国是否已选择将其欧盟招股说明书义务延伸至其国家 500 万欧元以下规则。对于总代价低于每个成员国规定的门槛,成员国可以要求某国家披露具体要求。

(3) 平台履行尽职调查的义务。

一些国内定制制度的要求与平台在发行方面的作用以及在强制审查、披露和报告方面对产品进行一些尽职调查的需求有关。平台也可能被要求披露用于选择项目的预定标准。

(4) 最大可投资金额的限制。

限制投资金额是保护投资者的一般方法,这些限制有不同的形式,范围从固定的最高限额到个人收入、财富或金融资产的可变份额。这些最高限额可以根据每次报价计算,也可以根据给定时间段(例如一年)内的总投资计算。通常,最高限额会根据投资者的分类而有所不同。在一个对众筹平台适用 MiFID 第 3 条豁免的成员国中,如果投资者的投资不超过某些阈值,投资者可以免受适当性测试。在一个成员国,通过受监管的众筹平台投资证券没有上限,而在另一个会员国,投资者只能通过符合某些标准的众筹平台投资。通常,这些限制(总限制)由投资者自己通过自我申报来实施。

3) 跨境活动的范围

现有数据表明,众筹仍然主要是在国家范围内,跨境范围的活动有限。因此,那些引入定制制度的成员国正根据当地市场的特点和需求进行调整。

虽然国家制度的方法总体上是一致的,但一些利益相关方表示,监管框架的具体设计和实施方面的分歧可能会对跨境活动的发展造成障碍,并导致市场分割。已经有部分基于投资和贷款的众筹平台克服不同的国内监管框架,并成功地在他们寻求经营的国家建立了个体法律实体。然而,满足不同要求对于平台而言成本较为昂贵,阻止了小平台规模的发展,进而无法达到满足跨境运营成本所需的规模。一些成员国认为,平台必须在其定制制度下获得授权才能作为众筹平台来运作,而不论他们是否拥有欧盟金融工具市场法规（MiFID）牌照。其他成员国认为，应允许 MiFID 授权的投资公司通过该牌照在其他成员国开展众筹活动。平台需要充足的项目所有者、资金以及投资者来发展他们的业务，而平台寻求规模经济的一种方法恰恰是发展跨境参与，特别是在平台较小的成员国的情况下，缺少牌照可能使平台难以实现他们所需的可扩展性。而现实是一些平台表示获得 MiFID 授权的成本太高且繁琐，建议构建超出 MiFID 要求范围的业务模型。

3.3.5 结论

欧盟的众筹规模仍然相对较小，但是发展迅速。众筹是许多有潜力改变金融系统的技术创新之一。为了促进众筹的增长并适当保护投资者，欧盟成员国已采取一系列措施来规范众筹——要么在适当时使用欧盟立法框架，要么通过国家制度。这些国家框架在其寻求实现的目标和成果方面大致相同，但是具体依据当地市场和国内监管方法因地制宜。

鉴于众筹性质，目前欧盟层面没有强有力的政策干预理由，众筹的规模仍然相对较小，需要创新和发展的空间，未来监测该行业的发展以及国家监管框架的有效性和融合程度非常重要。因此，委员会服务部将通过每年两次的会议，与欧洲监管机构、成员国和众筹部门保持定期对话，以促进融合，分享最佳做法并不断审查发展情况。委员会将评估跨境业务的发展，并特别考虑投资者保护方面。这将确保委员会能够及时作出反应，以确保需要采取进一步措施来支持监管方法的融合，以促进该部门的发展并确保适当的投资者保护。

3.4 中外众筹差异

3.4.1 总体差异

互联网众筹最早兴起于美国，随后在全球逐渐发展起来，通过对比中国与国外在众筹行业的差异情况，能够为我国互联网众筹的进一步健康发展提供经验借鉴。自 2012 年美国颁布《JOBS 法案》以来，各国针对股权众筹的监管就进入了快速发展的阶段。英国金融行为监管局发布了《对互联网众筹和基于其他媒介非随时可变现证券推销行为的监管方法》；日本通过了《金融商品交易法等部分修改法案》，意大利政府颁布了《创新型初创企业通过网上众筹平台募集资金的监管规则》，我国也颁布了《私募股权众筹融资管理办法（试行）（征求意见稿）》，但至今还未出台关于股权众筹融资的正式法律制度。通过对中外股权众筹整体情况进行分析,发现国内外在监管方面的差异主要表现在以下几点。

(1) 国外关于股权众筹监管的法律法规较为完善,我国目前还缺乏专业的股权众筹监管法规。如上提到,英国、美国、日本、意大利均已经出台关于股权众筹监管的正式法案,关于股权众筹法规较为完善,相比之下,我国在 2014 年 12 月《私募股权众筹融资管理办法(试行)(征求意见稿)》,以及 2016 年 10 月《股权众筹风险专项整治工作实施方案》的发布与出台,虽标志着各监管主体正式对网络非公开性质的股权融资提出禁止性的监管与整治要求,但详细整改措施还并未形成明文细则。股权众筹的相关规定闲散分布于《证券法》《刑法》和《最高人民法院关于审理非法集资刑事案件具体应用法律若干问题的解释》等法律规范,尚未有专业的法律规范出台。

(2) 国外通常以注册或许可的方式,对股权众筹平台作出监管,我国目前股权众筹监管体系尚不明确。美国、意大利对股权众筹平台参与主体实行注册制度,美国需要进行股权众筹活动的交易需要在美国证券交易委员会(SEC)注册方可展开相关活动。意大利相关法案规定,股权众筹平台需要在全国公司及证券交易委员会(CONSOB)进行注册。在英国,股权众筹机构需要在金融行为监管局(FCA)许可下,方可通过互联网或其他方式向投资者销售非变现证券。而我国央行、银监会、保监会等金融监管机构以及工信部及工商行政部门等都具有一定的监管职能,但具体的监管主体不明确,监管职责还较为混乱。

(3) 国外征信系统较为完善,我国的征信体系刚刚起步。美国标准的信用报告体系中涉及 47 项内容,指标全面而且都进行了量化,这对于众筹平台合理制定信用额度、贷款利率等指标提供了极大帮助。在德国,当平台发生债务纠纷等失信行为时,债权人可以向相关征信平台举报这一行为,征信平台会将相关情况记录在案,而征信平台对众筹平台的征信数据一般会公开,这样股权众筹平台就受到了良好的监管。我国股权众筹平台游离于央行的征信系统之外,央行的个人征信报告又很难获取调用,股权众筹平台在通过互联网进行筹资时,只能通过自建的征信数据库对筹资人进行筛选排查,但很多信息由于不能共享,信息不对称的情况普遍存在。因此,对监管机构进行监管,平台进行风险控制等的难度都较大。

3.4.2　监管机构差异

通过梳理英国、美国、意大利、日本、中国众筹平台的准入制度、监管机构资金管理规定,得出差异如表 3-2 所示。

表 3 - 2　众筹平台监管及准入制度对比

国家	准入制度	监管机构	资金管理
美国	SEC 和自律组织登记注册《JOBS 法案》规定的小额众筹豁免制度	美国证券交易委员会（SEC）和自律组织	第三方机构保管
英国	分级许可	金融行为监管局（FCA）	——
意大利	审核部门审核 监管部门许可	证券交易委员会	——
日本	日本金融局注册、 豁免制度	金融局和证券业协会	第三方机构管理
中国	证券业协会备案	证券业协会	设立专户管理

3.4.3　投资者相关规定差异

1）投资者范围及投资限额规定

美国 JOBS 法案虽然没有对投资者范围作出明确的限制，但是设立了分层限额制度，通过年收入或净资产的多少限制投资者的投资金额。JOBS 法案中以 10 万美元为界限，对年收入或资产净值不超过 10 万美元的投资者，规定其累计投资金额不得超过 2 000 美元和该投资者年收入或资产净值的 5% 中的较大值；年收入或净资产值超过 10 万美元的投资者，规定其投资金额累计不得超过该投资者年收入或净资产值的 10%，且最多不得超过 10 万美元。

英国相关的监管规则中对合格投资者作出了严格的要求。其规定合格的投资者除了具备参与股权众筹活动所涉及风险经验和知识外，还将投资者分为成熟投资者和非成熟投资者两类。前者主要包括：由监管部门授权提供咨询服务或风险投资、金融联络人的一般投资者、专业投资者或由监管部门授权机构认证的成熟投资者、授权机构认证的高净值一般投资者，即其年收入超过 10 万英镑或者净资产在 25 万英镑以上，并且不对该类投资者进行投资额度限制。而后者则主要指参与的股权众筹项目不超过两个投资者，规定投资额不得超过净资产的 5%。

意大利的相关众筹监管规则确立了投资者豁免制度。即当投资者为个人时，单笔投资金额不超过 500 欧元或年度投资总额不超过 1 000 欧元；投资者为法人时，单笔投资金额不超过 5 000 欧元或年度投资总额不超过 10 000 欧元时，可以免除《欧盟金融工具市场指令》适用条款约束。意大利对于投资额在原则上不设限。

日本设定了对单个众筹项目投资额不超过 50 万日元的限制,对总额不作限制。

我国的《管理办法》与英国类似,设立了合格投资认定。规定个人为投资者主体的净资产不低于 300 万元或近三年个人年均收入不低于 50 万元;单位为投资主体的净资产不低于 1 000 万元;单位或个人投资单个项目金额不低于 100 万元,对投资额不设限。

2) 投资人退出机制规定

关于投资人退出机制的规定,如转让权、撤回权和撤销权等,美国 JOBS 方案规定投资者自购买众筹股权之日起一年内,除了该法案规定的适用情况外不得转让股权。英国规定股权众筹融资无股权转售限制。相比之下意大利对此作出了较为明确的规定。首先,筹资者在发行完成后三年内,若出现公司控制权转移给第三方时,投资者有权向公司撤回投资资金或转让其投资份额;其次,投资者在对众筹项目投资后,若在众筹项目筹资成功前出现情势变更或披露信息存在实质性错误时,投资者在 7 日内可以申请撤销对其投资。我国明确规定禁止股权众筹平台提供股权或其他形式的有价证券的转让服务。

3.4.4　筹资人相关规定差异

1) 主体限制

美国将主体限定为营业收入在十亿美元以下,并且第一次发售普通股在 2012 年 8 月 1 日以后处于发展阶段的成长型公司。英国将主体限制为公开公司,意大利限制为创新型初创企业,我国要求筹资者必须为平台注册的中小微企业。

2) 融资金额限制

美国、意大利、日本对投资额限制较为明确,分别为 12 个月累计融资金额不超过 100 万美元、500 万欧元、1 亿日元。

3) 信息披露要求

美国设立了严格的信息披露制度,根据筹资人融资金额的不同,将其划分为融资金额 10 万美元以下、10 万至 50 万美元和超过 50 万美元三级,规定不同融资级别的筹资者,向证券交易委员会、投资者和众筹平台的披露信息有所不同。日本也采取了分级提交材料的模式。我国目前对信息披露的规定还不够明确,缺乏实际的监管措施。

4) 其他规定

为了保护投资者利益,识别投资风险,美国法案明确规定禁止通过除众筹平台发布告示以外的其他方式的劝诱及广告宣传,除明确披露的将获得的报酬情况外,严禁筹资人向众筹平台以及领投人输送利益。英国允许在为投资者提供招股说明书和其他必要披露文件的前提下,向投资者推介,英国、意大利规定要进一步向投资者发起适应性测试或风险告知程序,以判断投资者的风险承担能力是否适合参加该筹资项目。我国规定禁止向非注册用户宣传和推介,禁止向投资人承诺本金不受损或最低收益,禁止同一个项目在两个及以上的股权众筹平台同时进行融资,禁止在除股权众筹平台以外的公开场所发布融资信息。

筹资人限制相关规定如表 3-3 所示。

表 3-3 筹资人限制规定

国家	主体限制	融资总额限制	信息披露要求	其他行为规定
美国	营业收入在十亿美元以下处于发展阶段的成长型公司	100 万美元	分级提交材料,筹资金额越高,被要求披露信息内容越多且要求越高	禁止广告或宣传,禁止向众筹平台或领投人输送利益
英国	公开公司	——	——	禁止劝诱和广告宣传,需要向合格投资者发出适合性测试
意大利	创新型初创企业	500 万欧元	——	需要向投资者发出适合性测试和风险告知程序
日本	——	1 亿日元	分级提交材料	——
中国	平台注册的中小微企业	不限额	报告影响或可能影响投资者权益的重大信息	禁止承诺保本或最低收益,禁止同一项目多平台融资

第4章　众筹平台及项目案例

众筹行业的发展,依赖于从事众筹企业的探索和实践,一些优秀的平台,走出了自己独特的发展模式,本章将介绍开始吧、点筹网等众筹平台的运营模式。此外,本章对于在众筹平台上通过众筹的募资而发展的初创企业,也进行了跟踪和介绍。

4.1　众筹平台案例

4.1.1　众筹平台——京东众筹

1) 平台概况

京东众筹创建于 2014 年 7 月 1 日,目前是国内最有影响力的产品众筹平台之一,提供智能科技产品、生活美食、智能家居、3C 科技、娱乐旅游、创意文化等多类产品的众筹。京东众筹依托京东品牌的影响力、丰富的产品资源、大量的厂家资源等,多年来运营稳定,持续发展,在众筹家行业月报中,项目数及融资金额长期居于国内产品众筹的前列。

2) 京东众筹 2018 重点项目

(1)《大家来帮忙》助农项目:蒙阴黄桃。

京东众筹联手凤凰卫视中文台《全媒体大开讲》,推出了一档解决农产品滞销问题的互动直播节目——《大家来帮忙》。

该节目致力于帮助解决农副产品滞销难题。节目第一站选择了素有"中国蜜桃之乡"美称的山东省蒙阴县。这里年产 23 亿斤蜜桃,收获期销售压力大且经常出现滞销现象,给农户造成经济损失。此次京东众筹选品为蒙阴最为著名的黄桃品种,在节目播出期间同步上线仅 4 天时间,就收获了众筹资金近 22 万元,这一金额看似不起眼,但对比当地农户此前一大筐桃子只卖 5 元钱的情况,收入情况还是有大幅提升。节目组深入位于山东沂蒙革命老区的蒙阴县拍摄,了解到整个蒙阴县桃子种植占到了 65 万亩,90% 的经济收入来自桃产业。黄桃又称黄肉桃,因肉为黄色而得名。常吃可起到降血糖血脂、祛除黑斑、延缓衰老、提高免疫力等作用,也能促进食欲,堪称保健水果、养生之桃。

蒙阴拥有得天独厚的自然环境,非常利于黄桃生产,不仅每颗桃子的大小匀称,甜度更是比普通西瓜还要甜上 2 度。此外,当地果农一直坚持采用成本更高的"药果分离"方式,不把农药喷在果子上,保证桃子表皮的健康与安全。

黄桃的清甜背后却藏着蒙阴老农苦涩的汗水,桃子的成熟采摘期大约只有 20 天时间,为了保证新鲜采摘的桃子能够当天送往市场,果农们每天凌晨两三点就要开始工作,但辛勤的劳作并没有带来应有的回报。与此同时,靠天吃饭的农业生态导致农户的收入十分不稳定,桃农王师傅就在节目中坦言,去年辛苦了一年却连成本都没挣回来。

节目采用了实地采访+主持人亲身体验+纪实拍摄的形式,向消费者、社会传达出农户群体生存困境,帮助村民卖出滞销黄桃。

《大家来帮忙》截至 2018 年 12 月,共播出四期节目,共为山东蒙阴黄桃、四川巴塘苹果、广西龙州红江橙、广西天等龙眼蜜项目筹款 120 多万元,共获得近 2 万人支持。

(2)电商人的扶贫梦:山西长城羊。

山西省阳高县地处太行山深处,是国家级贫困县,而长城乡则因为临近古长城而得名,这里盛产一种名叫"长城羊"的绵羊。由于品种独特,而且是在山间放养,不喂人工饲料,长城羊肉色鲜艳如玫瑰,肉质香嫩,鲜而不膻。一只羊从出生、喂食、打理粪便、放牧……大约要花掉村民三四百元的成本费,然而交通不便等原因导致农户销售渠道不畅,平时都是羊贩子进山收羊,价钱压得很低,这里的"长城羊"并不能卖上一个好价钱。

2018 年 11 月,京东众筹员工多次走进阳高县长城乡,深入了解村民需求以及当地特产羊肉"长城羊"的养殖现状与市场环境,帮助长城羊上线众筹平台,走出大山,让羊肉能以合理价格面对更多的消费者,用互联网的方式让贫困农户用劳动获得有尊严的生活。

项目获得 1 258 名用户支持,累计众筹金额超过 32 万,众筹仅三个月时间,帮助 22 户贫困户实现增收,平均每家贫困户直接增收 1 万元左右,为老农们筹得了接近以前一年的收入。

(3)漫画家 Tango 原创设计手表。

2018 年 2 月 5 日,京东众筹员工在微博上看到 Tango 老师画的一幅画,是个表盘。当时画的下面有不少人评论,有人问会不会做不成实物,有人甚至把价格都贴出来了。众筹员工就把表盘给负责产品的老师看了下,他们也很喜欢。大家就在想是否可以落成,于是就通过各种渠道找到了 Tango 老师的联系方式,冒昧地给他写了封邮件,详细介绍了京东众筹的业务以及平台定位,对该项目的想法等。Tango 老师在看到邮件后很感兴趣,双方团队很快见面确定了合作意向。经历 184 天的项目打磨,2018 年 10 月,人气漫画家 Tango 漫画《时间鼓手》原作终于实现了实物化,首次跨界,通过京东众筹平台将脑洞变为现实。

本项目获得 712 人支持,项目众筹金额超过 23 万元。

(4) 寻瓷记·任星航钧瓷柴烧押窑。

钧瓷始于东汉盛于宋,是宋代五大名窑之一。2018 年 3 月,由京东众筹联合溯芳斋、匠仓联合国家级非遗大师任星航以押窑的形式众筹。

该项目获得了 902 名用户的支持,众筹融资金额近 100 万元。

(5) 可抵抗－196°的科技抗寒服。

气凝胶这种材料,早期作为航空材料被美国宇航局 NASA 使用,素湃团队研发出多孔结构纺织专用气凝胶复合材料解决了气凝胶之前难以用于服装行业的问题。自有发明专利:国内首款独家专利纺织专用气凝胶复合保暖材料,产品内外兼修,既有外在颜值,又有内在技术,成功的用户探厂活动,产出多篇震撼报告,上线当天,众筹金额破百万。"抗寒服"是京东众筹黑科技品类项目的代表,因为不仅把颠覆大众认知的产品带入了市场,平台还组织了招募用户去探厂的活动,让用户去商家的工厂实验室等去体验去参观,测试气凝胶材料如何隔绝温度,比如手拿着用火去喷,手一点没事儿。大家觉得很不可思议,通过这个探厂活动,也让很多的众筹用户知道了众筹平台除了购买支持项目还有其他的体验法,充分理解了京东众筹新奇特、有趣、尝新这几个调性和特征。

项目获得 7 741 名用户支持,累计众筹金额超过 1 000 万元。

4.1.2　众筹平台——开始吧

1) 平台概况

开始吧(前身为"开始众筹")是国内领先的生活风格型消费投资平台,中国互联网金融协会会员,总部位于浙江杭州,2015 年 3 月正式上线。

开始吧专注于消费升级领域的线下商业头部内容,并为其提供优质的金融解决方案,以及涵盖行业上下游的综合服务,包括内容生产、品牌营销、行业培训、社群运营等。开始吧提倡一种崭新的报复平庸的生活方式,通过"超级真人秀式"的浸入式项目呈现形式,寻找具有高度价值认同与相似趣味主张的同类人。

开始吧旗下还拥有国内首家非标住宿领域的综合服务商"借宿",以及新锐内容电商平台"二家"。未来,开始吧将成为"新中产"人群的消费升级入口。

开始吧于 2015 年 4 月获天使轮融资,同年 11 月完成 A 轮融资。2016 年,开始吧完成 A＋轮及 B 轮融资,投资方包括经纬创投、元璟资本、昆仑万维等。2017 年 8 月 29 日,开始吧完成由云锋基金领投的 1.9 亿元 C 轮融资,估值达 2 亿美元。

开始吧自创建以来,获得多项荣誉:2016 年 10 月,获评 2016 文创新势力 TOP10;2016 年 12 月,获评 2016 年度"21 世纪中国最佳商业模式奖";2017 年 3 月,创始人徐建军获评"杭州 2017 年度创业人物";2017 年 11 月,新实体金融服务联盟成立,开始吧当选理事长单位;2018 年 1 月,开始吧被网易授予"新易奖·新锐互联"奖;2018 年 3 月,开始吧入选"杭州准独角兽企业";2018 年 3 月,开始吧荣膺消费者合法权益保护(2017)年度案例优秀企业奖;2018 年 6 月,开始吧成为中国互联网金融协会会员单位。

开始吧将互联网非公开股权融资服务理解为一个切入口,由此深入到受益消费升级的四个大品类,包括"非标"住宿、"创业"餐饮、"新"休闲空间、"休闲"农业,将资金切实导向实体经济,而非在金融体系内空转,这也是对于"十八大"以来"金融服务实体经济"这一重要指导方针的贯彻。

一些市场上不被传统金融机构所关注的优质资产,通过开始吧匹配给了手握闲置资金的,正寻找投资以及消费的用户。互联网非公开股权融资所对应的"共享",既能包含投资的收益回报,又能满足提升生活品质的消费需求,以助力解决人民群众日益增长的美好生活需求与不平衡、不充分发展之间的矛盾。

开始吧认为,所有的消费升级都是个性化需求对标准化需求的升级。对于用户群体而言,开始吧致力成为一个生活方式的信息入口,以顺应"消费升级"时代商业模式与消费方式的迭代方向,开始吧上的项目兼具消费与投资属性,既能拓宽用户的投资渠道,也满足了他们更多元、更个性化的消费需求。

2) 开始吧旗下"借宿"

2016 年 11 月 24 日,开始吧正式将旗下民宿业务板块"借宿"拆分运营,并投资 3 000 万元,以打造民宿＋生活方式空间运营商,打通资源、资金、运营以及市场命脉,提供一站式民宿解决方案。

2016 年至今,借宿打造出覆盖中国领先的民宿的消费平台——借宿严选,并推出借宿严选民宿微官网的直销小程序。借宿还在 30 多个城市、乡村举办了近百场线下分享会。针对民宿热潮及行业的一些痛点,借宿在莫干山创办了莫干山民宿学院,联合浙江旅游学院开办首个民宿班,培养专业人才,吸引了众多民宿主及地方政府前来学习、考察。迄今为止,借宿已为 500 多家民宿筹募资金超过 20 亿元。

此外,借宿率先发起民宿集群,致力于成为全域旅游解决方案的提供者,以精品民宿作为先锋业态,配套极具当地特色的文创、文旅品牌,完美契合消费升级需求,多点联动打通全域旅游,将中国秘境缔造成一个个高端旅行目的地。

2017 年 11 月 9 日,借宿第一个民宿集群"黄河·宿集"上线融资,4 家顶尖民宿"飞茑集""西坡""大乐之野""墟里"充分利用当地及周边独特的地理和人文环境,以高标准、高服务的用户体验为主要考量方向,完成以集群为中心的线路开发和特色项目地的打造,该项目仅用 3 小时破 6 000 万元+认筹额,并达到 2 000 万+的传播。"黄河·宿集"已进入运营阶段,成为宁夏建区 60 周年纪念献礼工程,并荣获 2018 亚洲旅游"红珊瑚"奖最佳旅游创新项目。

民宿集群汇聚头部民宿品牌、文创品牌以及在地深度体验项目,能在短期内迅速引爆舆论,吸引全国甚至世界范围内的高端消费者,为当地旅游业的持续发展和升级赋能奠定了文旅行业变革与乡村复兴的里程碑。

3）开始吧旗下"二家"

二家是一个内容电商平台,旨在引领城市中产家庭新消费理念,总部位于杭州,2017 年 5 月正式上线。

二家以内容切入女性生活场景,搭建了拥有"简二家""一人一城""芍药姑娘"等业内知名公众号的新媒体矩阵,持续输出包含居住环境、城市设计、生活美学在内的优质信息,全方位服务城市中产人群的美好生活需求。

二家旗下的"二家生活馆"优选品质良品,为用户的理想生活出具解决方案。同时,二家通过强大的内容深链能力,打通新媒体矩阵与电商平台,聚集大量深层消费群体,为品牌方提供完整的线上销售、内容生产、品牌营销、推广全案等综合服务。

二家以"过得快活"为口号,提倡一种新时代女性视角下的积极生活态度,越来越多的新中产家庭将二家作为自己精致生活的入口。

4）风险控制

（1）项目风控体系。

开始吧已搭建了由近 20 位拥有金融、法律、财务背景的专业人员所组成的合规风控团队。团队成员分别来自银行、互联网金融机构、基金公司、律师事务所和四大会计师事务所等机构的风控、审计岗位。

2017 年 6 月起,开始吧进一步完善了原有的风控体系,并且与国内专业的第三方大数据智能风控服务提供商展开深度合作。目前,开始吧平台所有项目在上线前,都会经过严谨的法律合规和财务审核,并借助行业标杆 SAAS 级风控系统,实现信用风控与反欺诈双线并行,同时做好充分的信息披露和风险揭示工作。

(2)资金安全保障。

高级别的资金保障,与恒丰银行合作,进行第三方资金存管,资金不流经平台。目前,国内消费投资行业中,成功对接了合规的银行存管的,开始吧平台是先例。

资金只能转出到认证及绑定过的银行账户,用户可以实时查询资金账户详情。

内部设置严格的资金管理流程和安全完善的系统。

(3)技术安全保障。

采取各种合适的物理、电子和管理等方面的措施来保护数据,以实现对数据安全的承诺。

采用集中的影像存储服务来保证合同等文件信息的存储,有效避免信息被篡改以及删除,且可以实现永久保存。

网站之间的页面跳转以及数据的发送采用数字签名技术,以保证信息以及来源的不可否认性。

(4)隐私安全保障。

用户所有的隐私信息都经过高级安全加密算法进行加密处理,防止任何人包括公司员工获取用户信息。

5)数据分析

截至 2019 年 2 月 28 日,开始吧共上线项目 2 252 个,总项目成功率为 90%;认筹总金额超过 59 亿元,认筹总人次超过 71 万人次。

各项目类型累计数量占比如下:民宿类占比 28%,餐饮类占比 20%,农业类占比 22%,休闲类占比 30%;各项目类型累计认筹总额占比如下:民宿类占比 44%,餐饮类占比 18%,农业类占比 16%,休闲类占比 17%。

项目地域分布前十的为浙江、上海、北京、江苏、云南、福建、广东、四川、山东、湖北;参与认筹的用户地域分布前十的为浙江、广东、上海、江苏、北京、山东、福建、四川、云南、湖北。

4.1.3　众筹平台——点筹网

1）点筹网介绍

点筹网是国内领先的三农产业加速服务平台。2016 年 8 月,点筹网成功入选农业部"互联网＋"现代农业百佳案例企业,并先后成为国家高新技术企业、全国首批以互联网新业态入选的深圳市级农业龙头企业、广东省农业供应链管理工程技术研究中心。

公司在"互联网＋现代农业"领域拥有领先的农业大数据定制模型、农业信息化采集系统和农产品定制管理系统,通过"互联网＋定制农业"模式,为 20 余万城市家庭提供农产品定制化服务,促进农产品销售;通过"互联网＋信用三农＋共享农场＋消费扶贫"模式,为逾 5 000 家涉农企业提供生产资金,直接或间接带动贫困户增收,有效践行了中央关于"农业供给侧结构性改革"的重要指示,探索出互联网产业服务三农的新模式。

目前,点筹网已和广东、江西、湖北、河北、山东、辽宁、贵州、四川、甘肃等地区近百个县市地区农业部门达成合作关系。

2）点筹大事记

2014 年 5 月,点筹网成立。

2015 年 3 月,点筹网获得千万级天使轮融资。

2015 年 10 月,成为中国人民银行广州分行"互联网＋信用三农"试点单位。

2015 年 11 月,广东省省长朱小丹、副省长陈云贤视频连线点筹网合作农户。

2016 年 3 月,成为中国互联网金融协会首批会员单位。

2016 年 5 月,成为唯一一家入选广东省"互联网＋"行动计划试点单位。

2016 年 6 月,获得凯歌创投等数千万元 A 轮融资,成为广东省金融消费权益保护联合会首批会员单位。

2016 年 8 月,入选农业部"互联网＋"现代农业企业百佳企业。

2016 年 9 月,与大北农、中国农大、华大基因等企业共同发起,成立中国扶贫志愿服务促进会农业产业扶贫联盟。

2016 年 11 月,成为广东省农业厅"互联网＋订单农业"试点单位。

2016 年 12 月,成为国家高新技术企业。

2017 年 1 月,"点筹"商标注册成功。

2017 年 2 月,当选广东省互联网金融协会副会长单位。

2017 年 9 月,当选广东省农业厅信息进村入户工程运营商。

2017 年 10 月,CEO 黄金高先生连续两年受邀出席国家扶贫日活动并作农业产业扶贫汇报,"互联网＋信用三农＋定制农业＋精准扶贫"模式获得社会广泛认可。

2018 年 2 月,荣获"深圳市重点农业龙头企业"称号。

2018 年 4 月,荣获"深圳市 2018 年科技型中小企业"认定。

2018 年 12 月,获批"广东省农业供应链管理工程技术研究中心"。

2019 年 6 月,荣获"广东省守合同重信用企业"认定。

2019 年 11 月,当选广东省农业主体联盟理事单位。

3)案例——德保沃柑众筹

项目方资质:广西德保傅氏生态农业有限公司成立于 2015 年,主营水果种植及销售、生态农业观光旅游等。公司拥有 860 亩种植基地,年产沃柑 200 万斤。本着产业扶贫、科技扶贫的理念,公司以高起点、高科技规划发展柑橘果园,并以贷资入股的形式帮扶 100 多户贫困户脱贫致富。凭借多年的柑橘种植经验和良好的信誉记录,公司积累了大量的客户资源,经营状况良好。

产品测评:沃柑种植基地周边环境较好,种植过程中使用有机肥料,采取物理防治和生物农药等防治病虫害,所产沃柑口感好,品质佳,深受广大消费者喜爱。

产品市场:德保沃柑果皮金黄,肉质脆嫩,果汁丰富,清甜可口,香蜜浓郁,风味极佳,深受消费者的喜欢。

项目来源:德保县商务局。

企业痛点:沃柑种植规模扩大,合作农户多,急需解决资金问题和销售问题。

信用支持:优分数据、亿美软通等第三方征信系统。

风险评估:点筹网业务部进行项目初审,项目部进行实地调查,并基于味蕾大数据系统与土流竞价系统,从身份特征、产品测评、信贷历史、负面行为、市场走势、履约能力及往期合作等维度对广西德保傅氏生态农业有限公司进行风险测评,判定其订单额度为 105 万元。

众筹方案:点筹网根据农场的具体情况设计了一整套解决方案为该农企解决了融资问题以及沃柑产品的销售问题。通过点筹网 App 及 PC 端发布该项目,投资人通过点筹网认筹农场的沃柑,以订单的形式提前把认筹费用给农场,每份认筹金额为 15 元(每份 5 斤沃柑),用于沃柑基地租金、育种、疫病防治、人工管理、产品加工、物流配送等费用。后续以沃柑产品及其销售作为回报。

筹后管理:点筹网携手宝付第三方支付系统,对款项分多期拨付,严格控制资金流向。同时,筹后人员定期进行考察,对考察结果进行实时披露。

回报统计:本项目一共有 2 500 名投资人认筹,平均每人认筹 28 份,解决了沃柑生产资金来源难题,并提前锁定了约 35 万斤沃柑的销售困境。

扶贫成效:截至目前,点筹网通过资金注入、产品销售等方式,在德保地区直接或间接带动 102 名贫困户实现扶贫增收,人均增收约 739 元,取得较好的经济效益和社会效益。

4.1.4　众筹平台——第五创

1) 平台介绍

第五创是深圳创五板网络科技有限公司旗下的众筹平台,专注于实体领域,以股权众筹为主。第五创董事局由前香港《成报》主席张家华、前甲骨文亚太区总裁梁志聪及中式快餐第一品牌真功夫联合组建而成;管理层由经营实体行业的企业家、互联网金融专业人才、银行体系风控团队共同组成。

第五创自 2015 年上线,2016 年完成天使轮融资,获华人第一连锁品牌真功夫战略投资;2017 年 5 月完成 A 轮融资,估值 2 亿元;2018 年 7 月完成 pre－A 轮融资,估值 3 亿元。迄今累计完成 9 亿＋实体融资项目,上线项目 90＋,综合项目运营率 90%＋。

业务涵盖股权众筹、收益权众筹、农业众筹、产品众筹、小微企业孵化,行业覆盖酒店、教育、餐饮、医疗、新能源等领域。平台荣获"2016 年度股权众筹平台最佳口碑奖""2016 年度十大杰出众筹平台"和"2018 金融消费者保护优秀奖"等行业殊荣。

第五创众筹模式不仅能为创业项目解决资金问题,更重要的是,它将改变传统实体连锁店铺的商业模式,让每个人都能成为身边实体连锁店铺的股东。

截至 2019 年 4 月,第五创平台融资规模超过 9 亿元,单项最高融资额达 2 920 万元。

合作品牌包括:真功夫、合纵文化(胡桃里、杂咖)、维也纳酒店集团、亚朵酒店、铂涛酒店集团、华住集团、东呈国际酒店集团和美豪酒店集团等。

第五创的团队涵盖了多个拥有丰富经验的上市大企业董事、高管,其中包括多家上市公司董事张家华、前美国甲骨文软件亚太区总裁梁志聪、前百度高管张晓等人的加持。目前,第五创已经是拥有雄厚的资源资金背景和国内专业的股权众筹团队,团队拥有多年上市公司实操经验。

第五创在成立伊始,就在项目风控方面成立专业风控部门,为投资人寻找优质的项目,建立安全的网络支付系统。第五创从项目交接、风控初审、实地尽调、复审、评审委员会评审,最后包括投后管理,都有一套严格的执行操作体系。

在资金安全方面,第五创采用第三方存管,一个项目一对一的融资。平台会对每一个项目的品牌、运营团队、选址、同业运营情况等都严格把关,除此之外每一个项目都会亲自带队实地调研,保证项目的品质。

作为连接创业者和投资人的桥梁,通过构建覆盖资产端和资金端的良性互动的生态,解决小微企业融资难、融资贵等问题,现在以及未来的第五创,最好的创新就是确保收益和低风险,做好项目信息披露,带给投资人更多的收益。

第五创将行业教育与众筹相结合,2018年,创办了"酒店投资线上课程",全面系统地讲解酒店行业的发展趋势及如何运营一家酒店,剖析与品牌案例分享,破解酒店运营的关键指标,以此帮助众筹企业更好地进行项目运营。

2)众筹案例

(1)满盛多喝汤华景新城分店。

满盛多喝汤华景新城分店于2015年10月24日在第五创平台融资成功。该项目属于在营店铺,众筹类型为股权型,按月分红。该项目预计总投资105万元,其中项目方出资52.5万元,占50%股权;众筹52.5万元,占50%股权。

该项目特点为平台第一个双倍分红项目(即有一倍的分红由平台补贴众筹股东),并于2016年7月回本,回本周期约9个月(开业时间2015年11月4日)。

截至2019年2月,满盛多喝汤华景新城分店处于盈利状态,已累计分红40个月,月均回报率5.27%,累计回报率达210.88%,年化收益率为63.26%。该项目在正常经营中,项目众筹已有3年多,业绩稳定。

(2)美豪丽致酒店(西安民乐园店)。

美豪丽致酒店(西安民乐园店)于2018年3月5日在第五创平台融资成功。该项目属于在营店铺,众筹类型为股权型,按月分红。该项目预计总投资2 230万元,其中项目方出资1 780.432万元,占79.84%股权;众筹449.568万元,占20.16%股权。

该项目特点为按年化收益率20%+浮动收益率计算收益,即项目实际分红率低于约定的保底分红率(即低于年化收益率20%)时,则按照约定的保底分红率(年化收益率 20%)进行补足差额;若实际分红年化收益率大于或等于 20%时,则按照每月实际净利润进行分红。

截至 2019 年 2 月,美豪丽致酒店(西安民乐园店)处于盈利状态,已累计分红 13 个月,月均回报率 1.92%,累计回报率达 25.02%,年化收益率为 23.09%。该项目在正常经营中,经营状态良好。

(3) 维也纳国际大酒店(虎门万达店)。

维也纳国际大酒店(虎门万达店)一期、二期分别于 2015 年 8 月 2 日、2015 年 9 月 23 日在第五创平台融资成功。该项目属于在营店铺,众筹类型为股权型,2018 年 6 月起项目从季度分红更改为月度分红。该项目预计总投资 1 200 万元,其中一期、二期项目方出资合计 840 万元,占 70%股权;众筹合计 360 万元,占 30%股权。

截至 2019 年 2 月,维也纳国际大酒店(虎门万达店)一期、二期都处于盈利状态,已累计分红 34 个月,其中:一期月均回报率 3.64%,累计回报率达 123.84%,年化收益率为 43.71%;二期月均回报率 2.78%,累计回报率达 94.67%,年化收益率为 33.41%。该项目现经营稳健。

4.2　股权型众筹项目案例

众筹分为权益众筹、股权众筹、公益众筹、物权众筹等多种形式,其中股权众筹是最为重要也是最受监管层关注的一种形式,因为股权众筹颠覆了传统股权融资的形式和标准。由于其他特殊性及法律上的障碍,2015 年 8 月 11 日,中国证券业协会的《场外证券业务备案管理办法》第二条第(十)项的"私募股权众筹"中,将其修改为"互联网非公开股权融资"。由于该名称在表述上过于复杂,因此,一般文献或口语表达中,仍习惯称之为股权型众筹或股权众筹。本书一般称之为股权型众筹。

股权型众筹是指公司面向普通投资者出让一定比例的股份,投资者通过出资入股公司来获得未来收益。股权型众筹在帮助小微企业融资方面有着巨大的潜力。

蚂蚁天使是 2014 年注册在上海的一家股权型众筹平台。平台定位是"提供股权投融资服务,支持早期互联网和科技创新初创企业,推动自主创新,创造资本价值"。

蚂蚁天使自 2014 年创立以来,以帮助 54 家小微企业进行了早期的众筹融资。每个项目融资金额平均在 100 万元左右,每个项目参与众筹的人数多在 20~30 人之间,是典型的大众小额融资平台,不仅为初创企业解决了资金问题,同时,众筹还能提供资金以外的其他资源上的帮助。以下案例是在蚂蚁天使平台完成众筹的部分企业,案例是 2018 年 8 到 9 月期间,众筹家通过企业调查和访谈得到。

4.2.1 项目案例——人马线

人马线是一家致力于解决健身行业的基本生存问题,立志成为提供会员专业化服务、促进教练职业化发展的智能健身平台。2014 年 12 月 1 日人马线第一家实体门店在上海市普陀区长寿路 1 118 号正式营业,目前全国直营门店 26 家,其中上海 8 家。人马线根据用户不同特性结合国际运动体系标准,形成一套算法,利用算法设计出千人千面的训练计划,即可复制的科学运动健身方案。同时,通过赋能模式,化身智能健身工作室运营商,旨在帮助私教健身行业推出可品控服务性产品、形成专业化管理,解决行业生存问题。2016 年 8 月第一轮融资 200 万元,投后估值 2 000 万元。2017 年 pre-A 轮投后估值 6 000 万元,目前已启动 A 轮。

创始人张立于 2008 年开始创业,创业之初投身于当时大热的移动互联网事业,取得出色成绩后却因身体原因最终于 2013 年底 2014 年初以 1 200 万元美金卖出省钱达人项目,结束了自己的创业初体验。突然闲下来的日子里,张立开始重视健康问题,锻炼身体。而就是在接触了健身领域后,他发现整个健身产业十分传统,强销售、用户体验度差等问题几乎是全覆盖,也正是这些问题导致健身行业生存堪忧。那种通过反复推荐宣传升级服务作为天然漏斗来筛选优质会员的方式终不是长久之计。

正如张立所说的"在安全的前提下有效的时期内得到最好的效果,这才是用户请私教的诉求点。"2014 年上海市场上的私教健身工作室大大小小门店不足 300 家,张立正式开始了人马线项目的创业,以用户视角提出对人马线未来发展的要求:帮助教练实现职业化,给会员专业化服务,满足用户最大需求,始终围绕着用户需求点好好经营人马线——私教健身工作室。起初,他思考将其做成全互联网模式,如:Uber、滴滴。可是与打车不同,健身是一个强需求,用户对教练是谁非常在意,同时也非常在意锻炼的连续性。因此,Uber、滴滴的纯移动互联网模式是行不通的。继而,2014 年 12 月 1 日,建立第一家实体门店试水,运用科技手段管理门店,2015 年 4 月底 5 月初系统上线,第二家实体门店开业,开始通过结合互联网方式管理实体门店,提供数据管控门店的流水与经营状况。通过快速大批复制,形成上海地区跨网点+全国范围跨区域的分布模式。

2016 年 8 月通过蚂蚁天使平台开启了第一轮融资,融资前发展了 12 家门店,融资款全部用于系统的开发与完善以及 2.0 实体门店的装修升级,2016 年年底 2.0 版本实体门店在张江成功开业。随着 2.0 实体门店的成功开业,张立不禁思考:仅管控门店经营数据是否过于狭隘? 健身行业的服务性产品是什么? 如何做到可品控? 每个用户情况均不同,需因材施教,如何进行一对一私教?

正是产生了以上思考,人马线开始探索自己的核心竞争力,最终确定了自己服务性产品。参照教育行业的课件,根据美国运动四大体系,对用户进行分类,整理出算法,进而形成因人而异的方案,教教练给会员设计千人千面的训练计划,即可复制的科学运动健身方案。服务即产品,对私教进行规范,真正做到因材施教,用户为王。至于如何做到可品控,人马线通过锻炼效果展示对比进行,对不同阶段的用户情况进行采集加以对比,形成自己的品控体系。而用户情况采集的方法除了使用医用级体侧仪进行体侧,还包括静态评估,即正反侧面,人工评估,但日后计划通过机器学习判断;动态结合美国 FMS 评估;日后还将使用 DNA 评估法,把握用户的体质是耐力型或爆发力型,对用户认知度增高,设计更适合用户的方案。

人马线的运营模式,简言之就是出售课程与赋能。用户可通过网络直接购买课程,通过门店体侧,设计方案,来门店体验专业化私教健身服务。与此同时,以智能健身工作室运营商的身份通过赋能模式,赋能给其他门店。全国现阶段私教工作室近 5 万家,但生存状况大多不理想。这些工作室多是教练出身,带教并不专业。因此,采用赋能计划,输出管理、可品控手段、SASS 系统、运营,从这四点帮助其他工作室引流、开单、会员维护、门店蓄客。

对于众筹在人马线发展过程中所起的作用,张立认为从中获得的不仅仅是资金上的帮助,更重要的是收获了优质的领头人,他通过其中一位领头人与复旦大学合作建立了基于运动健康数据的人工智能实验室;通过另一位领头人得以入驻健康园区,获得国家政策支持、税务优惠等,同时通过园区配套申请专利、发明、高新技术等,十分完备、便利。张立认为创业项目在选择融资方式与投资人时,以资源还是资金为主,还需要自己做出判断。

4.2.2　项目案例——仙渡机器人

仙渡机器人是一家集租售、研发及售后维护为一体的先进工业机器人供应商,是联结高校和市场产学研一体化的纽带桥梁,为高校转化科研成果而于 2013 年 9 月创办。

公司致力于中国民族智造,以中国民族中小企业用得起机器人自动化为使命,是全球首家以租赁为主,销售为辅的机器人生产商及自动化系统方案供应商。公司率先提出"为您的机器人付工资吧!"口号,是业界最先赋予工业机器人以人性化,以支付工资的形式降低国内中小企业实现机器人自动化的门槛。

公司以工业 4.0 为基点,开发机器人及自动化思维系统,实现机器与机器之间的信息传递与应变。公司已经研发了 120KG 负载工业码垛机器人,并签署了试用协议。另外公司推出了万向关节六轴通用机器人,并正在发明专利申请中。

目前公司处于研发和试用阶段,已有订单和营收。未来一年公司计划继续完善万向关节通用机器人和普通六轴通用机器人,实现码垛机器人 3 台工厂试用,2 台六轴通用机器人试用,并筹募下一轮 VC 融资,进而实现 1 000 台机器人投入租赁市场,平均每月费用为 4 800 元/台,即每月产生约 400 万元、每年约 5 000 万元的租赁收入(此受益还不包括出售机器人产品产生的收益),实现公司的盈利。预计未来五年内实现公司上市。

在众筹以前,项目已有两位投资人,各投资 20 万元,占股 14%。2016 年在蚂蚁天使众筹,期望融资金额 150 万元,出让股份 10%,项目估值 1 500 万元。上线后,项目受到了投资人和领投方的认可,多彩航空机长——追梦星云表示看好产业前景,相信团队实力。最后,仙渡机器人获得 182 万元融资,共计 13 人次参与该项目,资金主要用于机器人本体的开发,团队的完善,日常办公支出。

创始人鞠建焕说,众筹前企业刚刚起步,只是研发了工业机器人设计图纸,但是没有资金和人才去量产。通过个人 FA 的推荐,了解到有众筹这种方式,并且在 FA 的推荐下也见了几家投资机构,只是阶段不匹配。而蚂蚁天使是 FA 推荐的 3 家投资机构之一,最后交流下来双方非常认可。股权众筹对其的帮助目前主要是提供资金为主,但也有几位热心的股东来公司考察和交流,希望给予公司支持和帮助。众筹对企业的初期发展起到了很大的帮助,提供起步资金,为企业发展奠定了多方面基础。

4.2.3 项目案例——俏动智能

俏动智能是做无人机的一家企业。无人机一天的工作强度可抵 40～60 人力。俏动研发的主要产品是无人机控制系统,也就是无人机的大脑,简称"飞控"。

两年前,市场上很多人做无人机项目,但多数没有技术,只是做一下机架就开始销售,真正从底层开始研发的企业不超过 10 家。俏动智能属于无人机领域里少数自主研发提供技术的厂商之一。这套控制系统,具有应用在不同的行业需要不同的功能,系统具有可拓展性和可定制性。

系统引入了物联网的概念,所有无人机,只要是安装上控制系统,都会接入到该公司云端管理平台,可以让客户去管理这些飞机,远程地开启锁定、驾驶和身份认证等功能。

公司从制造和销售无人机,到控制系统,逐步延伸到单架飞机和整套的解决方案及周边设备的销售。比如,青海的某项目招商,投资人去参观产业园,但坐在车里无法看到。无人机飞出去,把所有的影像采集回来,飞手在车里操控该飞机,把影像同步传输在大巴的显示屏中,并同步调整角度。这个过程使用的就是一个整套系统而非单个产品,是从飞控到飞机到整套解决方案。

公司的另一项业务是无人机保险合作业务,如对无人机本身在操作期间造成的损坏,无人机进水、电池、地面设备损坏等情况提供的机身险,还有在正常使用、操控无人机过程中,因意外事故造成第三者的人身伤害或财产损失提供的第三者责任险等。无人机保险是一个新兴的领域,保率是多少,赔率是多少,都需要基于数据进行测算。公司就这方面与太平洋保险、平安保险等进行了合作。

公司第三块业务是飞行服务,客户买了产品后,公司进行无人机飞行相关知识的培训和指导。

公司通过众筹融资起源于一次业务上的需求。一次公司接到一个电话,咨询农业植保无人机,他们需要一套控制系统,而非市场上简单地搭个架子,再安装控制器就使用的植保无人机。为此,公司专门为该客户进行了植保无人机的定制开发,无论是基本的飞行功能还是其他功能(比如自动控制农业喷洒量等)都达到了客户的要求。

产品研发成功后,急需资金进行量产。2016 年 3 月时,在别人推荐之下,了解了众筹的融资模式,并开始在蚂蚁天使上融资。

整个融资的过程,速度是特别快的,当时的融资金额是 100 万元,但上线之后反响特别好,很快就突破了 100 万元。最后平台设置了最高融资额,超过这个融资额之后的投资就不再接受,最后获得了 150 万元的融资。项目众筹结束后,仍有机构和个人投资者联系公司,希望投资,但考虑到公司当时的发展情况,只增加两位投资人,凑到了 200 万元,出让了 20%的股份。当时是 1 000 万元的估值,共 49 位投资人,也是蚂蚁天使平台上投资人最多的一个项目。

资金拿到后,公司开始量产和销售。其实销售的过程中也碰到很多问题,对于无人机飞控这样的新产品出来,是需要装在各种机型上去飞的。一飞就可能出现问题,然后就要改进。但是又不知道改完后装在其他的机型上可不可以。然后全国各地乡下买的机架也是千奇百怪的。所以除了做量产和销售,公司也一直在继续研发改进产品。

2016 年 3 月开始众筹,5 月拿到资金。2017 年公司陆续签了一些订单,开始进入自给自足阶段。这时候众筹的资金已经花得差不多了,年中的时候另外一家机构"苏合汇"想要投,由于他们也能提供一些资源,就这样公司又出让了 2%的股份,拿到了 40 万元融资,这时候公司的估值是 2 000 万元了。此外公司还获得上海市创新创业基金和政府专项基金等支持,加起来大概 200 万元。2017 年企业就是这样运营起来的。

公司最初是做农业领域的无人机,由于太多企业的无人机质量不高,产品整体表现差导致了农业客户不多。在这种情况下,公司将无人机拓展到工业应用领域,比如巡检、观光、物流等。客户需要的无人机很多是需要定制方案,而非买一架无人机直接使用,其中有些比较复杂的需求,公司接了很多这样的项目。

公司团队 11 人,研发占 7 人。现在无人机和飞控系统基本结束了,研发阶段两年多。现在有机型 4 种,分别应用在不同的领域。无人机和一般的电子消费产品是不同的,产品做好了,就一直批量卖。无人机这个产品更像是做一个项目。所以无人机现在也很难规模化复制,做一个爆频的市场。

至于盈利方面,现在公司属于收支平衡。暂时没有新一轮的融资计划,现在在资本圈,无人机的风口基本已经过了,所以融资会比较艰难一点。现在花心思去融资,反而会分散现阶段专心做业务的精力。

公司未来的发展方向是,希望找到一个无人机的细分领域,去做规模化的复制。现在公司做了很多方向,但这些方向还没有找到一个像消费无人机一样是可以批量出货的。如果找到了,那么这时候资金进来是比较有意义的。

以下是众筹家访谈时,针对所提出的问题,公司创始人的回答。

问:众筹融资您有什么体会?

答:主要有以下两点体会:

第一,融资速度非常快,这对初创企业是很重要的。

第二,领投方的帮助很大,本身领投方也是做孵化器的,所以也比较专业,没有对我们做过多的干涉,很多事情都能得到他的支持。比如政策上能提供一些信息,另外就是资源上,他接触到很多项目,看到很多项目的兴衰,在商业模式上给我们很多启发。他是始终站在一个很专业的投资人角度。在众筹上,GP 比 LP 要专业很多。

第三,众筹对于初创企业是有帮助的。众筹不仅能吸纳早期的资金,同时能把项目这样托起来做一个曝光和关注,是一件非常好的事情,特别是在中国,本身在资源越来越聚集的市场环境下,如果没有一个很强的人脉关系或者投资的话,只靠自己的朋友、亲戚和人脉融资是很困难的。

问:您认为你们众筹成功的原因是什么?

答:以下几个方面吧。

(1) 风口:当时客户非常需要飞控,也有让我们磨炼的契机。

(2) 技术和研发:做无人机的很多,但是做飞控的不多。技术壁垒已经足够高,因为公司一直坚持在做自主研发。研发能力对一个高科技产业是非常重要的。

(3) 团队:技术研发团队中,有思科 10 年以上工作经验的人员,其余团队成员都来自北航和南航,整体拥有硕士以上学历。

(4) 估值合理:当时有另几家做飞控的企业,估值都非常高,我们是相对很合理的。

问:您是如何选择众筹平台的?

答:第一次不是选择平台,是机缘认识了平台的负责人,大家沟通过程很流畅,就想试一试。平台每个月有路演日,当时我们路演的时候,反响就挺热烈的,有好几个人都说可以给我们做领投,也来办公室考察过。再加上我们当时急于融资量产,觉得众筹这样的融资方式比较快,就将这事很快定下来了。

对于如何选择平台,应该选择融资速度快的、资源多的(如很快能找到领头投资人)和服务好的平台吧。这个平台做得还不错,虽然我们融资完这么久了,算是平台上一个很老的项目了,企业也在不停地探索调整方向,但平台一直都有追踪我们的最新动态,不是说投资完成后就不管了,平台方和领投还和我们始终保持着联系。

问:您认为众筹平台还需要做些什么?

答:培训和教育。在中国的早期投资领域,很多投资人的认知度是不够的,有些人甚至觉得投资初创企业,就像买一个理财产品,不像领投一样专业。早期风险高,很多创业项目最后都死掉了。一般人很难以一种专业的眼光来看待早期投资,平台需要去教育和培养他们。这一点可能是很多众筹平台都需要去推动的一件事情。

4.2.4 项目案例——单单记

单单记是一家提供餐饮门店内控管理和第三方金融风控的 SAAS 系统,致力于通过采集餐饮交易过程中的行为数据,用数据模型帮助餐饮老板管理门店,解决收银舞弊这一行业痛点。同时,单单记通过建立餐饮行业的数据征信体系,旨在帮助餐饮企业获得经营性贷款,推动实体餐饮行业发展。目前,单单记已成功获得第二轮融资,项目估值 3 750 万元,现有研发团队 8 人,并成功与知名互联网金融平台——点融网签署合作协议,企业发展前景较好。

创业之初,单单记的发展与大多数初创企业一样也曾面临过资金链断裂、产品难推广等困境,是互联网非公开股权融资给单单记带来了一线生机。

创始人兼 CEO 薛冰雷于 2014 年创立单单记,并于 2015 年正式开展业务。创业之初,单单记并没有受到市场的认可,开业一年后才找到第一家客户——快来财。这是一家体量较小的互联网金融平台,与之合作仅能勉强维持经营,无力发展壮大。自此,薛冰雷萌生了寻求投资的念头。但非常遗憾,尽管薛冰雷走访了多家商业银行及投资机构,但都没能拉到投资。随着资金逐渐吃紧,单单记一度陷入即将破产的窘境。

一次偶然的机会,薛冰雷得知互联网非公开股权融资平台——蚂蚁天使的总部就在自己的办公地附近。薛冰雷抱着试一试的心态接触了蚂蚁天使,由于主观上不愿意面对非专业的"散户"投资人,起初他仅把互联网非公开股权融资作为一个备选方案,但万万没想到这次接触给单单记带来了转机。通过蚂蚁天使完成发布、预热、路演等一系列宣传后,单单记依靠较高的技术水平和成熟的创业团队获得了领头人和大量普通投资人的青睐。上线仅一天就超额完成了期望融资金额,经协商最终拿到 34 位投资人的投资共 100 万元,刷新了蚂蚁天使最快融资速度的纪录。

成功获得融资后,单单记终于赢来了发展的契机。薛冰雷将大部分资金投入组建团队和拓展业务之中。其间,他获得了与点融网合作的机会。但点融网对于产品的选择标准非常苛刻,先试用后签约等条款极多。靠着众筹到的资金,薛冰雷度过了这段最艰难的时期,最后终于凭借着试用情况良好的产品,成功与点融网达成合作,为以后企业的发展打下了重要的基础。特别是在与点融网这样的大企业的合作中,他不仅拓展了业务,还通过学习其丰富的风控经验,对数据模型进行优化改进,未来有望形成一整套针对餐饮企业的融资解决法案。

在单单记的发展逐渐走上正轨后,薛冰雷并没有放弃与投资人进行沟通交流,他通过学习理解投资人的思维模式,不断优化着单单记的业务逻辑。值得说道的是,薛冰雷还严谨地执行了蚂蚁天使要求的信息披露任务,每月如实展示企业发展情况,这对单单记的第二次融资影响重大。在第二次融资中,投资方调查了单单记的财报、原始凭证及每月的信披报告,发现三者表现出的经营情况真实可靠,这直接促成了之后 300 万元的第二轮投资。

纵览企业发展历程,薛冰雷表示:股权众筹帮助企业走出融资困境,严格执行筹后信息披露帮助企业获得新一轮融资,股权众筹对其创业企业的发展影响巨大。

4.2.5　项目案例——大亲家

大亲家是一家以家长为孩子找对象作为切入点,打造全国最大的中老年人在线交流平台。主要用户群体定位于 45～60 岁中老年人,是一家为孩子找对象的社交平台。

项目有以下几个特点:①市场大:中国当前适婚单身人群体量为 2 亿,每个单身孩子的背后有爸爸妈妈,爷爷奶奶,三姑六姨一群人操心其婚姻大事,其体量在 3～4 亿人;同时中国当前 45～60 岁人口处于迅速膨胀中,因此去年 6 家广场舞 App 融资过亿,但为孩子操心婚事的家长体量要大一个数量级。②切合痛点:孩子的婚姻大事是家长最大的心事,再也没有比孩子没对象让家长更痛的事了,痛点之痛足以支撑起家长的付费意愿。③团队强大:名校团队,团队三人均在各自领域有所成就,非常互补。CEO 有过创业经验,资本运作经验,做过 FA,也是上海市最年轻浦江人才;COO 大学期间创业为自己在上海买房;CTO 在知名软件公司任核心程序员,对产品和技术都有极致追求。

平台要求家长列出自己孩子的基本情况和择偶要求,然后在平台和其他孩子的家长进行聊天的方式,为孩子找对象。平台通过分析家长的喜好,给家长推荐合适自己孩子的单身青年,以提升相亲效率。

平台对普通用户免费,对比较着急的家长,可以通过支付 299 元/年的费用,使自己的孩子出现在优质青年首页的概率提升 50%。同时,一旦相亲成功,平台在接受家长的打赏和感谢的同时,会将其对接给婚庆服务商以完成商业闭环。中国有此类需求的存量人群达到 3 亿以上,广告营收也会成为未来重要盈利模式。

该项目 2017 年上线蚂蚁天使,预期融资金额 50 万元,出让股份 5.56%,实际融资额 100 万元,认购人数 33 人。该笔资金主要运用于平台运营推广及员工薪酬。

目前,产品刚刚完成上线,由于痛点极准,获客成本为 0.3 元/人,日活跃率为

70%。据测算,上海单身适婚人群数量为 500 万,对应家长 500 万左右,因此在上海推广,获客目标为 100 万用户,其中包含 10 万付费用户。A 轮融资后,用于完成上海推广,同时将产品推向全国一线城市。

创始人吕梁谈道:股权众筹对于大亲家平台的初期运营帮助极大,不仅帮助平台融到了资金持续运营,还帮助平台打响了知名度,炒出了热度。在蚂蚁天使路演等活动的推动下,更多的人认识了大亲家,有的人不仅成为投资人,还成为大亲家最早期的一批用户。股权众筹对平台类初创企业确实很有意义。

4.2.6　项目案例——樊果教育

樊果教育是一家从事 STEAM 赛事 IP 营运的公司。目前项目已覆盖全国 14 个省,3 000 多所学校,并开发出相关电视挑战赛项目,目标在 3 年内,打造一个年参与人次突破千万的知名赛事项目。

2017 年 3 月公司成立旗下 6 大赛事 IP1 场国际赛事,5 场自有赛事 IP。2017 年 3 月公司加入两位天使投资人:机构天使——麦腾创投,个人天使投资人——中欧国际工商学院众创平台秘书长周雪林博士,本轮投资金额 100 万元。2017 年 5 月赛事参与学校 3 000 所,赛事合作机构 200+,小牛顿达成战略合作(完成 6 000 万 A 轮,全国 150 家门店),寓乐湾达成战略合作(完成 B 轮数千万融资,全国合作公办学校 4000+)。2017 年 5 月 25 日派遣 51 支队伍约 550 人参加密歇根州世界头脑奥林匹克大赛并取得 29 座奖杯。2017 年 6 月 4 日 1 个月的时间招募,万人挑战赛于上海金山西林中学举办,决赛参与人次 2 903 人。2017 年 6 月吉林、黑龙江、安徽、江苏、新疆省级合作伙伴确定,当月营收 120 万元。

创始人傅莉从小喜欢素质类活动,并参加相关科技竞赛,初中、高中均获得科技特长生保送。大一开始创业,后期开设实体教育中心,两次创业比较成功,在大学毕业后一年,完成了首套房首付。2016 年起,业务方向开始有了调整,从实体校区,转变成课程标准化输出。2016 年 7 月进入两位机构投资人。2017 年 3 月创办樊果教育,着重定位于 3~12 岁阶段 STEAM 赛事营运,并于初期取得了不错的成绩,项目参与学校突破 3 000 家。

目前,主打全国系列 STEAM 赛事 IP 打造。樊果旗下全年赛事针对 3~22 岁,幼儿至大学。有学校参赛用户,家庭参赛用户,个人参赛用户,STEAM 赛事课程,创客双师课堂,配套教材器材包等,全维度满足 B 端客户需求。

盈利项包括:代理费+管理费、赛事延伸收入、赛事耗材和教材收入、赛事课程双师课堂和会员费收入。

2017 年上线蚂蚁天使发起众筹,预期融资额 100 万元,出让股份 5.88%,实际融资额 172 万元,共有 60 位投资人认筹。领头人表示项目有以下优势:①素质教育越来越受到社会各界的重视,市场渐近暴发点;②以比赛切入容易迅速汇集流量,形成赛事 IP,打法更犀利;③创业者有创业经验,教育市场耕耘多年,也擅于交流整合资源,能力和经验与项目要求匹配。

创始人傅莉认为:众筹这一融资形式对项目的帮助主要在于资金支持,好的项目通过众筹更容易获得融资。

4.2.7　项目案例——高人汇

高人汇是一家领先的周易服务平台,致力于弘扬国学文化、打造一个最值得信赖的周易咨询服务平台。用户可以通过 App、公众号向大师下单咨询关于婚恋情感、事业财运、起名改名、风水转运等易学方面的服务项目。

高人汇项目 2016 年 3 月正式运营,目前处于快速发展的时期,项目转化率、复购率非常高,同时获客成本低、用户付费意愿强,目前需要加大推广运营力度,快速扩大市场规模。已经上线运营苹果版 App、安卓版 App 以及微信公众平台和 PC 端官网,平台上目前有 60 多位经过审核认证的大师,为用户提供关于婚恋情感、事业财运、起名改名、风水改运、选时择吉等咨询服务。

针对现存的痛点,公司制定了一套解决方案:①制定大师筛选机制;②建立多维度评价体系;③完善服务流程规范;④搭建担保交易平台;⑤发掘包装优质大师;⑥多渠道弘扬国学文化。

众筹前,高人汇平台主要依靠创始人自有资金运营,创始人共投资 60 万元。当时项目发展较好,累计交易额 60 万元、注册用户 23 000 复购率 33%,毛利率 42%,用户转化率 30%。团队共有 6 个人,根据运营需要会考虑将团队总人数控制在 8~12 人。

通过领头人介绍,袁之梅选择股权众筹并找到蚂蚁天使,究其原因非常简单粗暴:有钱就行。当时项目预期融资额 80 万元,出让股份 8%,实际融资额 104 万元,共有 27 位投资人投资。该笔资金主要用于支付员工薪资及推广营销。

谈到股权众筹对于企业发展的影响,袁之梅表示主要还是在资金方面,众筹得来的钱帮助企业度过了资金紧张的时期。

第5章　行业发展数据统计

本章系统采集了中国众筹平台上的项目数据,通过对众筹平台数量、地域分布、平台类型、众筹项目类型、众筹项目数量、众筹项目融资金额、项目行业分布、各地众筹项目总量及融资总额等数据的统计和分析,反映中国众筹行业发展的整体状况。

5.1　采集对象及研究方法

5.1.1　采集对象

截至 2018 年年底,国内共上线 842 家众筹平台,除去已下线或已转型的 683 家平台后,对 159 家运营中众筹平台的基本信息进行了统计分析。统计内容包括项目名称、项目网址、认筹状态、众筹类型、预期筹集资金、出让比例、项目估值、实际筹集资金、已达比例、发起时间、结束时间、众筹周期、投资人数、关注人数、评论次数、发起人、发起人所在地、项目所在地、项目简介等。并对 159 家平台按以下标准进行筛选:第一,将部分明显是造假数据的网站剔除;第二,将无法获取数据的网站剔除;第三,将明显有问题的部分数据剔除,保留可信部分。

利用计算机程序按字段自动采集了各个网站的项目信息并对项目进行了两种分类,一是权益型众筹、股权型众筹、物权型众筹和公益型众筹的分类;二是项目所涉及领域的分类,领域分类包括科技、实体店铺、农业、影视、音乐、游戏、出版、旅游、创投项目、公益、汽车和其他共 12 个大类,并对部分类别进行更为详细的二级分类。

众筹项目的认筹状态一般分为三种:众筹中、已成功和已失败。众筹中项目是指采集数据时该项目还未到项目结束时间,仍处于可认筹状态;已成功项目是指该项目已结束认筹且已筹金额达到预期(部分特殊项目虽未达预期,但平台方、项目方和投资者几方商议后接受项目的已筹金额,也视为项目成功);已失败项目是指该项目已结束认筹,但已筹金额未达预期,或因其他特殊原因导致项目失败。平台官网上的预热项目和展示项目不在数据采集范围内。

需要说明的是,目前有些众筹研究机构发布的报告中,将仍处于众筹中但已筹金额达到预期的项目视为已成功项目。但考虑到项目还未结束,存在诸多不确定因素(如项目被发现有问题而被冻结),可能导致项目最终众筹失败,故本书不将其计入已成功项目。

目前我国众筹项目发布仍以 PC 端为主,单独在 App 端发布项目的平台较少,且部分 App 平台只显示当前众筹中的项目而不显示已结束项目。故本书仅对 PC 端数据进行采集。

特别注明:数据采集日期为 2019 年 1 月初,采集对象为 2018 年 1 月 1 日至 2018 年 12 月 31 日期间平台上的众筹项目,而平台改版时而有之,对于采集完成后平台改版并更新项目的情况,以采集时间阶段内网站显示为准。

5.1.2　研究方法

本书涉及的研究方法主要包括以下三种:

1) 全平台"数据自动抓取+人工审核"

人创咨询运用独立编写的网页信息采集程序抓取了众筹行业所有平台数据(已下线、无项目或问题平台除外),并在人工对这些数据进行预处理、核对、纠错、分类的基础上,进行统计分析。由于各平台对项目众筹过程中及众筹成功后的处理方式不同,所收集的数据全部以平台在线运行项目为准,包括项目众筹中、项目已失败、项目已成功三种。

2) 实地调研及访谈

对于典型互联网众筹平台,研究团队除广泛搜集媒体报告、平台公开资料外,还通过面对面或电话形式对众筹平台负责人、融资人、投资者等相关从业者进行采访,以确保信息的准确性。

3) 定性与定量研究相结合

本书对采集预处理后的数据进行层次分析、对比分析、回归分析等统计分析,对研究的数据进一步精确化,以便更加科学地揭示规律,把握本质,理清关系,预测行业发展趋势。而对于一些无法量化的有用信息,本书采用一定的定性研究方法,主要凭借研究员的经验和众筹平台过去和现在的延续状况及最新的信息资料,对众筹平台及市场的特点、发展规律等做出归纳和判断。

5.2　众筹行业宏观数据统计

5.2.1　众筹平台上线时间分布

由于本系列书籍已出版了《中国众筹行业发展报告 2016》《中国众筹行业发展研究 2017》,详细分析了众筹行业 2017 年及之前的数据,故本书接下来重点对 2018 年全年的数据做出统计分析。

据不完全统计,截至 2018 年年底,国内上线众筹平台共计 842 家。其中,2011年上线平台 3 家;2012 年上线平台 11 家;2013 年上线平台 20 家。2011—2013 年期间共计上线 34 家,仅占比 4.04%。2014 年,国内众筹行业爆发,全年共有 168 家平台上线,占到所有平台的 19.95%;2015 年,众筹平台持续增加,全年共有 289 家平台上线,占到所有平台的 34.32%;2016 年,上线平台数稍有回落,全年共上线平台 279家,占到所有平台的 33.14%;2017 年,上线平台大幅减少,全年共有 64 家平台上线,仅占比 7.60%;2018 年,新上线平台数更是持续下滑,全年共有 8 家平台上线,仅占比 0.95%。

截至 2018 年年底,这 842 家平台中已下线或转型的共有 683 家,正常运营的平台共 159 家,与 2017 年年底的 294 家运营中平台对比,跌幅达 45.92%。从图 5-1中可以看出具体情况。2011—2013 年期间上线的 34 家平台中,现已下线或转型的有 20 家,现正常运营的有 14 家;2014 年上线的平台中仍正常运营的有 27 家,占2014 年上线平台数的 16.07%;2015 年上线平台数最高,但现已下线或转型的平台数也不少,289 家平台中有 227 家下线或转型,余下正常运营的平台共 62 家,占比21.45%;2016 年上线的平台现仍正常运营的为 38 家,占 2016 年上线平台总数的13.62%;2017 年上线的 64 家平台中,已下线或转型的有 48 家,仍正常运营的有 16家;2018 年上线的 8 家平台中,已下线或转型的有 6 家,仍正常运营的有 2 家。

特别说明,以上所描述的平台状态是指在 2018 年年底时各平台的状态。如2015 年上线的平台中已下线或转型的平台有 257 家,是指这 257 家平台在 2018 年年底处于已下线或转型状态,而不是指 2015 年当年有 257 家平台下线或转型。

事实上,大量众筹平台的集体下线并非毫无征兆。早在 2017 年下半年,就有部分众筹平台的业务没有进展,项目融资停滞,虽然这些平台的网站仍然能够打开,但网站信息并没有继续更新。2018 年下线的平台中,很大一部分就是这些在 2017 年就已经出现停运迹象的平台。2018 年,大量众筹平台下线或转型,同时新增平台数量也较少,众筹行业进行着一场优胜劣汰、适者生存的洗牌。

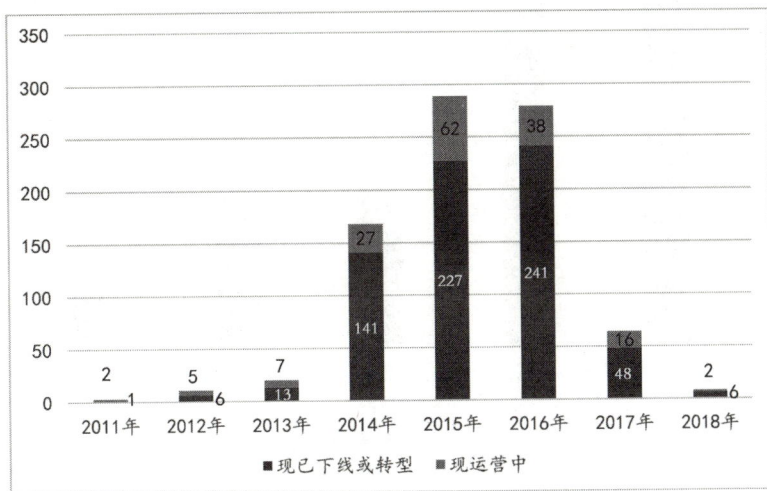

图 5 - 1　众筹平台上线时间分布

5.2.2　众筹平台类型分布

众筹平台按其回报模式划分,可分为股权型、权益型、物权型、公益型和综合型。股权型众筹此处是指互联网非公开股权融资,即融资者通过股权型众筹参与互联网平台以非公开发行方式进行的股权融资活动;权益型众筹指发起项目的个人或公司以提供产品或服务作为投资回报;物权型众筹指通过互联网向大众筹集资金,用于收购实物资产,通过资产升值变现获取利润;公益型众筹是指发起项目的个人或公司无偿获得支持者的捐赠;综合型平台是指包括两种及以上众筹模式的平台。

全国处于运营中的 159 家众筹平台中,股权型平台数量最多,共有 55 家,占比34.59%;权益型平台 51 家,占比 32.08%;物权型平台 23 家,占比 14.47%;综合型平台 22 家,占比 13.84%;公益型平台数量最少,只有 8 家,仅占比 5.03%,见图 5 - 2。2016 年下半年,二手车众筹全面爆发,大量平台上线,使得物权型平台一度成为各平台类型中占比最高的,但在 2017 年,大量的二手车众筹平台下线或转型,使得现运营中的平台数量低于权益型和股权型平台。

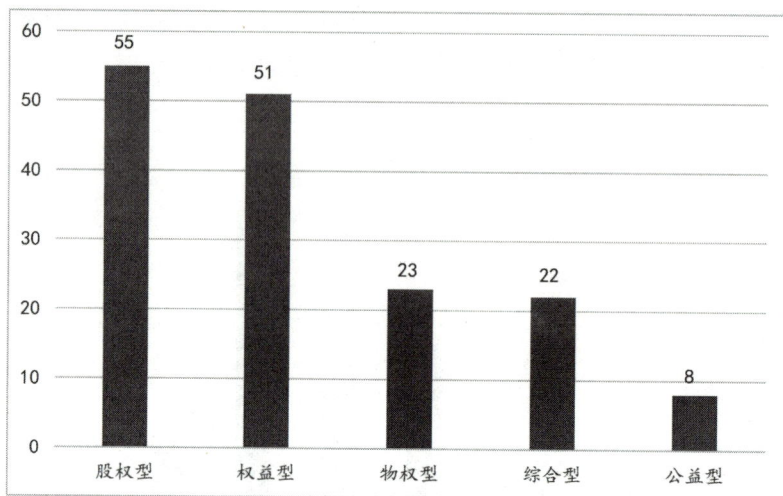

图 5－2　众筹平台类型分布

5.2.3　众筹平台地域分布

经过收集与统计,正常运营的 159 家众筹平台的所在地分布情况如下:在全国 34 个省级行政区中,众筹平台覆盖 22 个。平台地域分布格局和往年大致相同,主要集中在经济较为发达的沿海地区,而分布在东北、西北和西南地区的平台较少。平台数最多的是北京,共有 53 家,占比 33.33%;其次是广东,共有平台 30 家,占比 18.87%;排名第三的是上海,共有平台 17 家,占比 10.69%;浙江共有平台 15 家,占比 8.88%;随后是山东和江苏,平台数分别为 10 家和 7 家。

5.2.4　新增众筹平台概况

据不完全统计,2018 年全年共上线众筹平台 8 家,其中 6 家已下线或转型。

新增平台中有 2 家为物权型众筹平台,占比达 25%,其中有一家为汽车众筹平台。新增权益型众筹平台为 3 家,股权型众筹平台为 1 家,公益型众筹平台 2 家。

5.2.5　众筹项目类型分布

据不完全统计,2018 年全年共上线 70 351 个众筹项目,其中已成功项目有 46 042 个,占比达 65.45%,成功项目的实际融资额高达 178.02 亿元,相比 2017 年下降了 31.53%。一方面众筹平台数量并不可观,另一方面从融资规模上看,众筹行业遭遇寒冬,整体发展遇冷。

众筹项目按照回报方式进行划分,可以分为股权型项目、权益型项目、物权型项目和公益型项目。不同项目类型在 2018 年发生的全部项目数、成功项目数、成功项目已筹金额和成功项目支持人次的具体数据如表 5 - 1 所示。

表 5 - 1　2018 年全年众筹情况一览表

众筹类型	全部项目数	成功项目数	成功项目已筹金额（亿元）	成功项目支持人次（万）
物权型	33 747	33 702	60.44	23.36
权益型	18 349	10 375	99.11	1 347.06
股权型	423	374	16.7	1.93
公益型	17 832	1 591	1.77	552.87
总计	70 351	46 042	178.02	1 925.22

　　从项目数来看,无论是全部项目数还是成功项目数,都以物权型项目最多,权益型次之,然后是公益型,股权型最少。2018 年物权型项目共 33 747 个,相比 2017 年减少 25.90%;物权型成功项目共 33 702 个,相比 2017 年减少 25.84%。物权型全部项目数和成功项目数分别占据了 2018 年总项目数和总成功项目数的 47.97% 和 73%,见图 5 - 3。

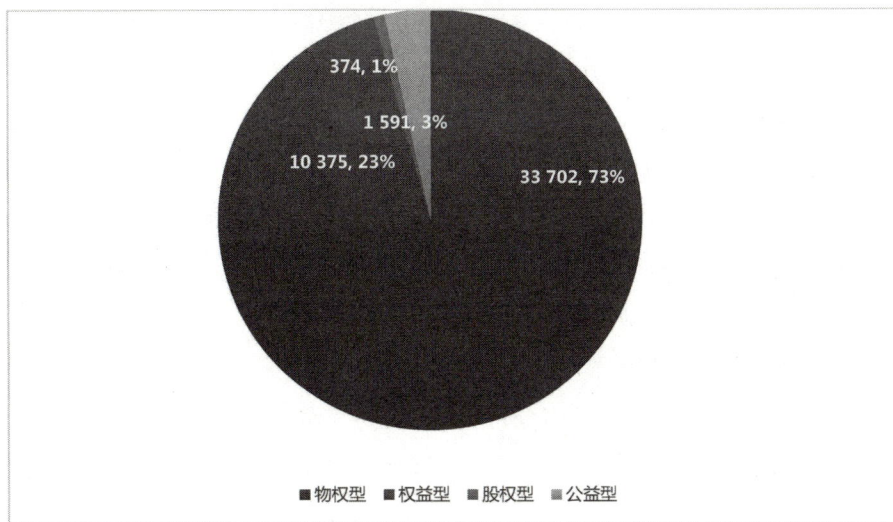

图 5 - 3　2018 年全年各众筹类型成功项目数

　　从融资金额来看,权益型成功项目的已筹金额最高,物权型和股权型次之,公益型最少。如图 5-4,2018 年权益型成功项目已筹金额约为 99.11 亿元,占比56%;物权型成功项目已筹金额约为 60.44 亿元,占到了行业全年总融资额的 34%;股权型成功项目已筹金额约为 16.7 亿元,占比 9%;公益型成功项目已筹金额约为 1.77 亿元,仅占比 1%。

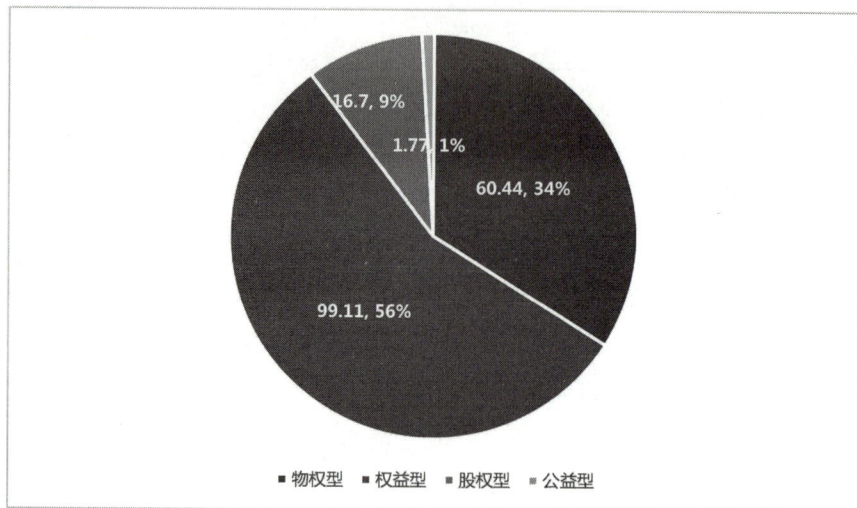

图 5-4　2018 年全年各众筹类型成功项目实际融资额(单位:亿元)

从投资人次来看,如图 5-5,权益型成功项目的支持人次最多,其次是公益型,再次是物权型,最后是股权型。公益型和权益型项目的参与门槛相对不高,所以在支持人次上获得了很大的优势。物权众筹虽然项目数和实际融资额均较高,但在投资人次上远远不及权益众筹和公益众筹。股权型众筹由于受相关法规的限制且项目数不多,投资人次相对其他类型较少。

5.2.6　众筹项目行业分布

选取十个具有代表性的众筹细分市场,分别是实体场所、汽车众筹、科技、创投项目、农业、影视、旅游、游戏、出版和音乐,总计 52 521 个项目。不同细分市场在2018 年全年发生的全部项目数、成功项目数、成功项目预期融资额、成功项目已筹金额和成功项目支持人次的具体数据如表 5-2 所示。

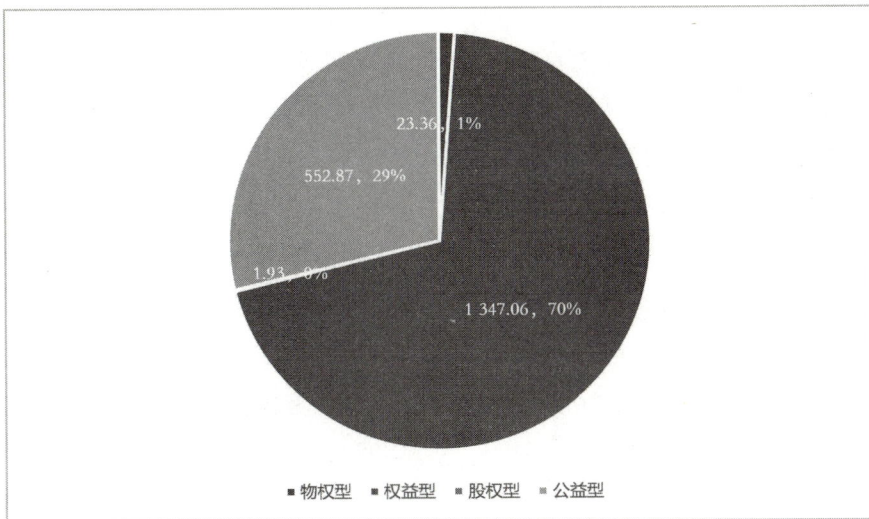

552.87，29%
23.36，1%
1.93，8%
1 347.06，70%

■物权型　■权益型　■股权型　■公益型

图 5－5　2018 年全年各众筹类型成功项目总投资人次（单位：万人次）

表 5－2　众筹细分市场发展概况

部分市场	全部项目数	成功项目数	成功项目预期融资额（亿元）	成功项目已筹金额（亿元）	成功项目支持人次（万）
实体场所	1 726	1 597	21.3	58.07	18.51
汽车众筹	33 303	33 262	57.8	57.8	24.12
科技	3 020	2 869	4.23	34.41	1 043.54
创投项目	3 368	1 800	5.17	10.21	97.08
农业	2 369	1 830	0.67	9.08	84.84
影视	7 841	2 600	3.79	4.32	86.2
旅游	51	39	0.43	1.48	1.54
游戏	173	140	0.13	0.41	7.01
出版	249	174	0.11	0.37	8.21
音乐	421	140	0.07	0.11	4.28
总计	52 521	44 451	93.7	176.26	1 375.33

注：本表按各细分市场成功项目已筹金额进行排序。

　　从表中可以看出，汽车众筹市场的全部项目数和成功项目数均最多，分别占十大细分市场总项目数和总成功项目数的 63.41% 和 74.83%。其成功项目已筹金额排名第二，占细分市场总融资额的 32.80%，可见 2018 年汽车众筹延续了 2017 年的火爆趋势，发展情况较好。但汽车众筹成功项目的支持人次较少，约 24.12 万人次，不如科技、创投项目、农业等领域。

在剩余的九个细分市场中,科技众筹的市场规模相对较大,成功项目数排名第二,已筹金额排名第三,成功项目支持人次总量优势最为明显,高达 1 043.54 万人次,远远超过排在其后的创投项目和农业众筹。

创投项目类的总项目数和成功项目数分别位于十大细分市场中的第三、第五位,其成功项目总融资额位于第四位,创投项目类项目中有一些股权型项目,单个项目金额相比权益型项目而言较大。

农业众筹的成功项目数排名第四,但预期融资额及已筹金额数额相对较小,分别为 0.67 亿元和 9.08 亿元,主要原因是农业众筹多为权益型项目,单个项目所涉及的金额一般不大。

2018 年实体场所类众筹成功获得融资 58.07 亿元,居于十大细分市场中第一位。

5.2.7　各地众筹平台成功项目数总量

将平台按所在地进行划分,并对各地众筹平台的成功项目进行统计,得到各地平台发布的成功项目数量。这与项目所在地不同,项目所在地是指发起方发起的项目的地址,而此处统计的是不同地区的众筹平台上发布的项目详情。

江苏、上海两地的成功项目数过万,其中江苏最多,有 13 311 个,占全国成功项目总数的 28.91%。主要是由于苏宁众筹和汽车众筹平台智仁科的项目数较多。其次是上海,有成功项目 12 095 个,占比 26.27%,上海地区有几家规模较大的物权型众筹平台,如维 C 理财等,使其成功项目数较多;排在第三的是北京,有成功项目 7 728 个,占比 16.78%,北京一直都是众筹平台的重要聚集地,拥有几家项目数较多的大平台,如中 e 众筹、京东众筹、摩点网等;广东排名第四,共有成功项目 5 322 个,占比 11.56%,除了广东地区的众筹平台数量较多外,另一个主要原因是八点网有大量成功项目,占到了整个广东省成功项目的 72.11%。以上四个地区的成功项目数合计 38 456 个,占比 83.52%。

除了以上四个地区外,浙江和山东两地的表现也比较突出。其中浙江共有成功项目 2 647 个,占比 5.75%,其中近七成项目来自淘宝众筹;山东共有成功项目 2 297 个,占比 4.99%,大部分是汽车众筹项目。而其余地区的成功项目数仅占比 5.73%,各地平台发布成功项目的数量差异明显。

5.2.8　各地众筹平台实际融资额总量

对各地区众筹平台成功项目实际融资额进行统计,整体来看可分为三个梯队。

第一梯队是实际融资额在 10 亿元以上的地区,包括北京、浙江、江苏、上海和广东。其中北京排名第一,实际融资额约为 62.68 亿元,占全国总融资额的 35.53%,北京的众筹平台数量较多,且有几家较大型的平台,使得其融资总量最大;浙江排在第二,实际融资额约 30.40 亿元,占比 17.23%,大部分融资额来自开始吧和淘宝众筹两家平台;随后是江苏,实际融资额约 26.91 亿元,占比 15.26%。第一梯队的五个地区实际融资额合计约 159.37 亿元,占全国总融资额的 90.35%。

第二梯队是实际融资额在 5 000 万元至 10 亿元区间内的地区,包括山东、台湾、安徽、湖北、河北、河南和辽宁,其中山东、台湾、安徽、湖北、河北五地的融资额在亿元以上。第二梯队实际融资额合计约 16.49 亿元,占全国总融资额的 9.35%。

第三梯队为其余地区,实际融资额在 5 000 万元以下,合计融资额仅占比 0.31%。

5.3　股权众筹发展现状

5.3.1　股权众筹发展现状概述

股权众筹是指公司出让一定比例的股份,面向普通投资者,投资者通过出资入股公司,获得未来收益。这种基于互联网渠道而进行融资的模式被称作股权众筹。另一种解释就是"股权众筹是私募股权互联网化"。最早成立的股权众筹平台在美国出现,于 2010 年在硅谷诞生了第一家股权型众筹平台,其名为 Angellist。相较于权益型众筹的第一家平台 ArtistShare 于 2001 年便已上线,股权型众筹的出现晚了近十年。

而在国内,第一个做股权众筹的案例是美微淘宝卖股权,通过众筹获得 1 194 个众筹的股东,占到美微传媒股份的 25%,整体融资 500 万元。最开始,美微通过众筹获得 384 万元的启动资金,后来,建设广州的演播厅,又在老股东当中募资了一次,并且 24 小时之内成功募集。

自余额宝的横空出世开启互联网金融时代后,"互联网+"的概念让互联网金融成为新的风口,股权众筹在酝酿多年之后也迎来了绽放的春天。2015 年 6 月 6 日,在京东、阿里、36 氪先后布局股权众筹后,京北众筹携首期融资过千万的项目惊艳亮相。京北众筹总裁罗明雄在 2016 博鳌亚洲论坛上指出，由于互联网金融的门槛、股权众筹的门槛越来越低，它需要相应的资金、资源、人才，2016 年会真正成为互联网金融监管元年，它会进入政策层面的良币驱逐劣币，一方面可以通过政府的监管把这些害群之马给踢出去，同时优秀的企业可以得到更好的发展，监管的加强可以让行业更健康的发展。

随着股权众筹的进一步发展，一些法律问题也随之渐渐暴露。首先，股权众筹有触及公开发行证券或"非法集资"红线的风险。股权众筹的发展冲击了传统的"公募"与"私募"界限的划分，在互联网金融发展的时代背景下，"公募"与"私募"的界限逐渐模糊化，使得股权众筹的发展也开始触及法律的红线。其次，股权众筹存在投资合同欺诈的风险。股权众筹实际上就是投资者与融资者之间签订的投资合同，众筹平台作为第三人更多的是起居间作用。如果领投人与融资人之间存在某种利益关系，便很容易产生道德风险问题，领投人带领众多跟投人向融资人提供融资，若融资人获取大量融资款后便存在极大的逃匿可能或以投资失败等借口让跟投人尝下"苦果"。最后，股权众筹平台存在权利义务模糊的问题。从股权众筹平台与投融资双方的服务协议可以看出，股权众筹平台除了居间功能之外还附有管理监督交易的职能，并且股权众筹平台要求投融资双方订立的格式合同所规定的权利义务也存在不对等。

随着股权众筹平台的相关问题不断暴露，至 2014 年 5 月 30 日，股权众筹已经明确归属于证监会监管，筹备中的《对股权众筹平台指导意见》提出，公司股东不得超过 200 个，单个股东投资金额不得超过 2.5 万元，整体投资规模控制在 500 万元内。所以，现在来看，股权众筹也逐步开始得到国家政策的支持。

在股权众筹站上政策风口的同时，由专业创投公司孵化的智金汇平台上线，系国内首个由专业投资机构打造的股权众筹平台。这意味着国内的股权众筹终于告别"草根时代"，迎来了正规军。对此，智金汇创始人、CA 创投合伙人杨溢接受记者采访时表示，股权众筹是面向大众投资人的，而这些人普遍风险承受能力较低，因此需要专业人士来对项目进行筛选。智金汇将采用平台＋领投基金的方式来为投资人把控项目质量。杨溢认为，股权众筹或将成为实现创投互联网化的一大路径。

当前，线上主要有 55 家股权型众筹平台，其中，项目比较多的平台有大茂汽车、第五创、人人创、靠谱投、迷你投等平台。股权权众筹的项目多种多样，涉及地产、便利店、餐饮美食、影视娱乐、科技、旅游、音乐等多个领域。股权众筹项目的目标金额跨度非常大,从 2018 年的数据可以看出,其目标金额从 700 元到 2 亿元不等。结合参与人数与总筹金额来看,股权众筹相较于权益众筹而言对投资金额要求较高,从而不像权益众筹那样可以吸引众多小型投资者积极参与。

中国对股权众筹的放开,是对金融创新的探索和对资产证券化的推进。股权众筹关系到社会的有序发展和稳定,未来将会有越来越多的企业参与到股权众筹中去,为整个社会的发展作出贡献。

5.3.2　股权众筹数据分析

1) 股权众筹平台上线时间分布

据不完全统计,截至 2018 年年底,国内共上线股权众筹平台 190 家。其中,2011 年上线平台 1 家;2012 年上线平台 3 家;2013 年上线平台 8 家;2014 年,股权众筹平台数量大增,全年共有 57 家平台上线;2015 年,平台数量持续增长,全年共有 91 家平台上线,占比 48.15%;2016 年,行业趋于冷静,股权众筹平台上线数也有所回落,全年共上线 27 家;2017 年,整个众筹行业新上线的平台数量较少,其中股权型平台 2 家;而 2018 年,仅上线了 1 家股权型平台。

截至 2018 年年底,这 190 家股权众筹平台中已下线或转型的共有 135 家,正常运营的平台共 55 家,正常运营平台数同比 2017 年年底下降了 38.20%。从图 5 - 6 可以看出具体情况,2011—2013 年期间上线的 12 家平台中,已下线或转型的有 7 家,正常运营的有 4 家;2014 年上线的平台中仍正常运营的有 11 家,占 2014 年上线权益众筹平台数的 19.30%;2015 年上线的 91 家平台中有 67 家下线或转型,余下正常运营的平台共 24 家,占比 26.37%;2016 年上线的平台中仍正常运营的有 10 家,占当年上线平台数的 37.04%;2017 年上线的 2 家平台仅余 1 家在运营;2018 年上线的 1 家新平台仍处于运营状态。

2) 股权众筹平台地域分布

经统计正常运营的 55 家股权众筹平台的所在地,分布在全国 10 个省级行政区,地区分布差异明显。经济文化发达、开放程度较高的沿海地区是平台主要聚集地,东北、西北和西南地区数量屈指可数,差异的形成与各地的金融环境、创业文化等因素不无关系。北京的股权型众筹平台数量最多且领先优势非常明显,共有 23 家,占比 41.82%;广东排名第二,共有 13 家,占比 23.64%;上海紧随广东排在第三,共有 9 家,占比 16.36%;浙江次之,共 4 家。其余六个地区如山东、新疆、云南、四川等地的平台数量较少,各拥有 1 家。

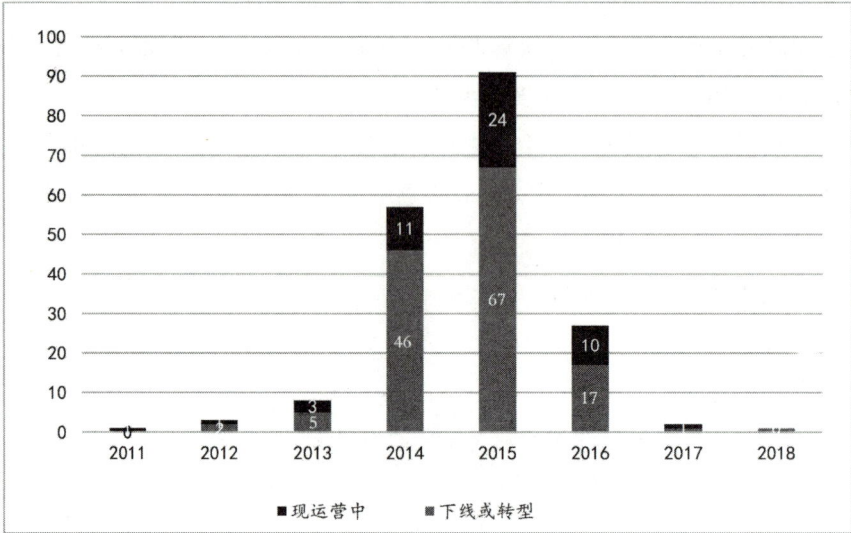

图 5 - 6　股权众筹平台上线时间分布

3）股权众筹平台市场规模占比

2018 年共有 70 351 个众筹项目，其中股权型众筹项目有 423 个，仅占全部项目的 0.6%，而其他类型的项目（包括权益型、物权型、公益型项目或其他）共计 69 960 个，占比 99.40%（见图 5 - 7）。

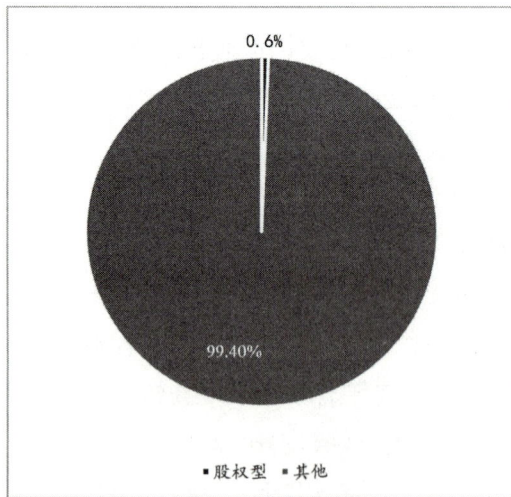

图 5 - 7　股权型众筹项目数占比

2018 年股权型众筹成功项目共计获得融资 16.7 亿元,占 2018 年各类型成功项目已筹总金额 178.02 亿元的 9.38%。而其他类型(包括权益型、物权型、公益型)的成功项目共计获得融资 161.32 亿元,占比约为 90.62%(见图 5-8)。

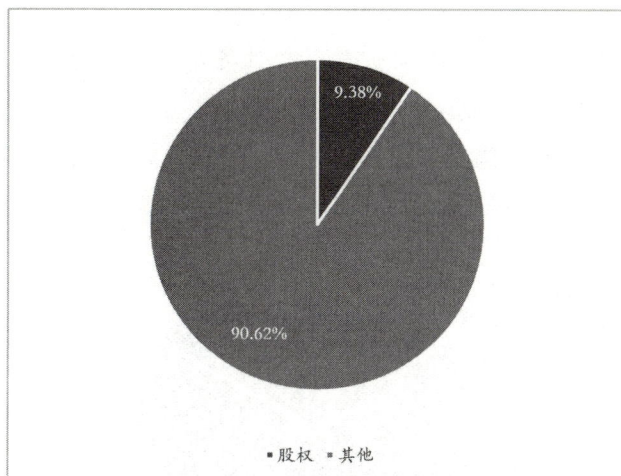

图 5-8　股权型众筹成功项目实际总融资额占比

2018 年股权型众筹成功项目投资人次共计 1.93 万(不包含 52 个不显示投资人数的项目),占 2018 年各类型成功项目总投资人次 1 925.22 万的 0.10%。而其他类型(包括权益型、物权型、公益型)的成功项目投资人次共计 1 923.29 万,占比 99.90%(见图 5-9)。

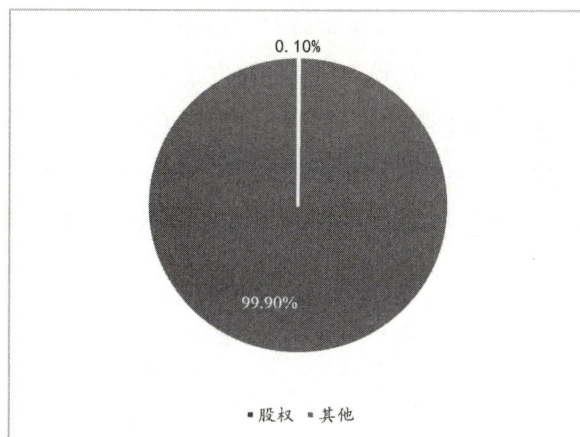

图 5-9　股权型众筹成功项目投资人次占比

　　总体来看,股权型众筹项目的项目数和投资人次相对较少,但融资金额相对不错,这是股权型项目最大的特点,说明股权型众筹成功项目的项目平均融资额较高。

　　4）股权众筹 2018 年市场规模占比

　　据不完全统计,2018 年共有 374 个股权型众筹项目获得成功,而 2017 年共有745 个股权型众筹项目获得成功,2016 年及之前共有 1 087 个股权型众筹项目成功。2018 年全年成功项目数下降幅度较大,同比 2017 年下降了 44.41％(见图 5－10)。

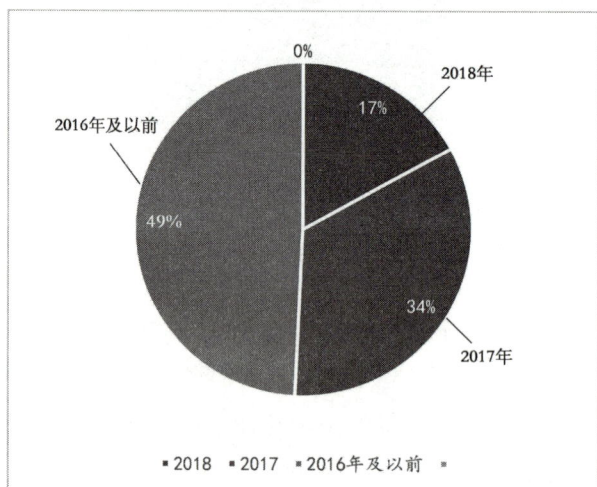

图 5－10　2016 年及以前至 2018 年股权型众筹成功项目数占比

　　2018 年成功的 374 个股权型众筹项目共计融资 16.7 亿元,而 2017 年成功的股权型众筹项目共计融资 33.61 亿元,2016 年及之前的总融资额 114.03 亿元。2018年成功项目总融资额有明显下降的趋势,同比 2017 年下降了 43.95％(见图 5－11)。

　　2018 年股权型众筹成功项目的总投资人次为 1.93 万,而 2017 年与 2016 年及之前的成功项目总投资人次分别是 4.19 万和 5.26 万。2018 年总投资人次同比 2017年下滑 51.55％(见图 5－12)。

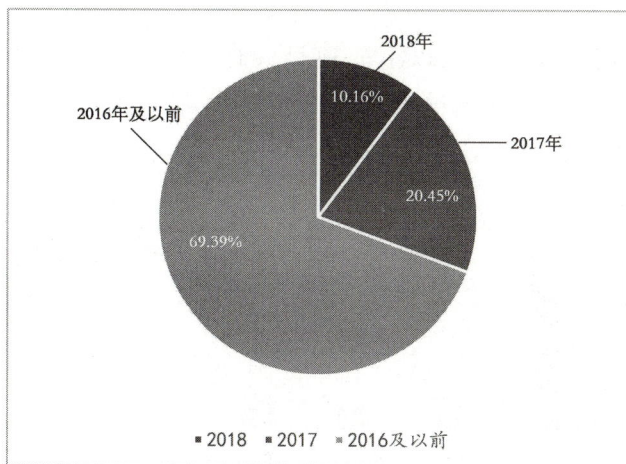

图 5‑11　2016 年及以前至 2018 年股权型众筹成功项目实际总融资额占比

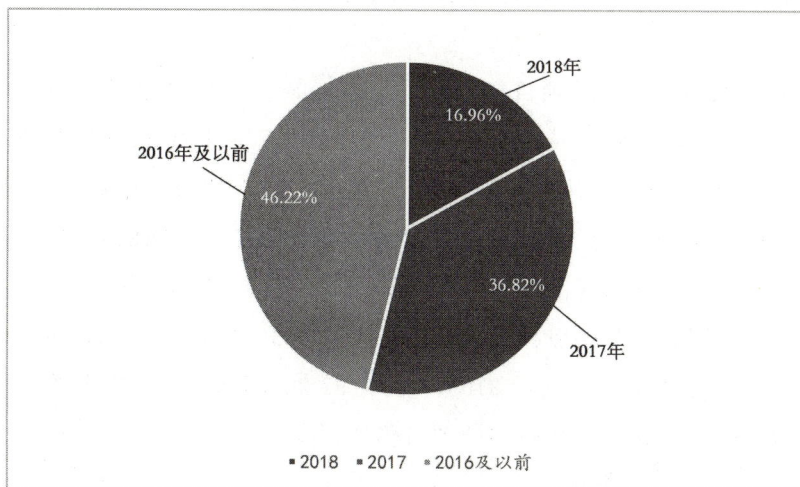

图 5‑12　2016 年及以前至 2018 年股权型众筹成功项目投资人次占比

5）股权众筹成功项目各指标区间分布

2018 年股权型众筹成功项目共计获得融资 16.7 亿元。对成功项目按照已筹金额的多少进行分组,可以得到图 5‑13 所示的区间分布图。从图中可以看出,金额较小的项目相对较多,金额较大的项目相对较少,并呈现出随着金额的增大,项目数逐渐减少的趋势。100 万元及以下的项目共有 172 个,占到了全部成功项目的

45.99%。以1 000万元为界,1 000万元及以下的项目共计336个,占到了全部成功项目的89.84%,而1 000万元以上的项目共计38个,占到了全部成功项目的10.16%。可见大额的项目虽然相对较少,但仍占有一席之地。

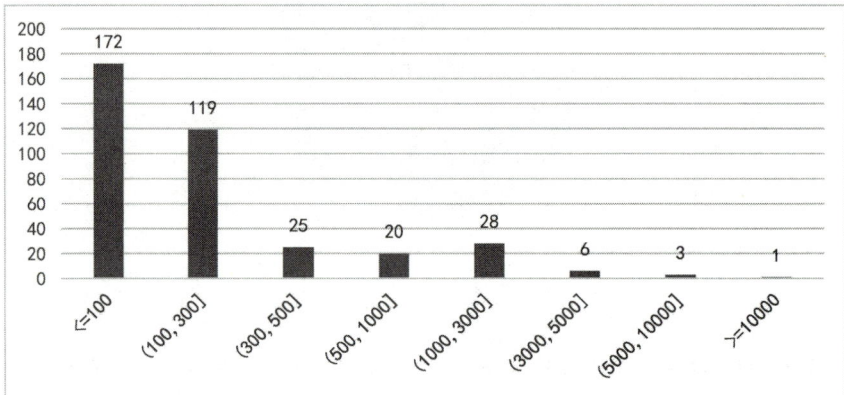

图5-13 2018年股权型众筹成功项目已筹金额区间分布(区间单位:万元)

2018年股权型众筹成功项目投资人次共计1.93万。对成功项目按投资人数的多少进行分组,可以得到图5-14所示的区间分布图。其中有38个项目不显示投资人数,故不在统计范围内。从图中可以看出,投资人数少的项目相对较多,投资人数多的项目相对较少。其中投资人数在1~20(包括1和20)之间的项目数最多,其次是20~40(包括40)之间,再次是40~60(包括60)之间。以上三个区间内的项目占比合计63.99%,即大部分的股权型项目投资人数在60人及以下。以160人为界,可以发现,160人及以下的项目共计310个,占比92.26%,而160人以上的项目共计26个,占比7.74%,可见投资人数较多的项目仍然较少。

6)股权众筹项目分类统计

结合当下众筹行业的热门细分领域,对股权型项目进行分类,主要分出了八大类别:科技、实体场所、影视、农业、旅游、音乐、出版及游戏。据不完全统计,2018年全年共有股权型项目423个,其中八大类别项目总数为392个,占比92.67%,各类别具体项目数如图5-15所示。

总项目数排在第一的是实体场所,共有346个,占到八大类别股权型项目总数的88.27%;其次是科技众筹,共有15个,占比3.83%;影视众筹排名第三,共有11个项目,占比2.81%。项目数最少的是旅游众筹与音乐众筹,各有2个项目。

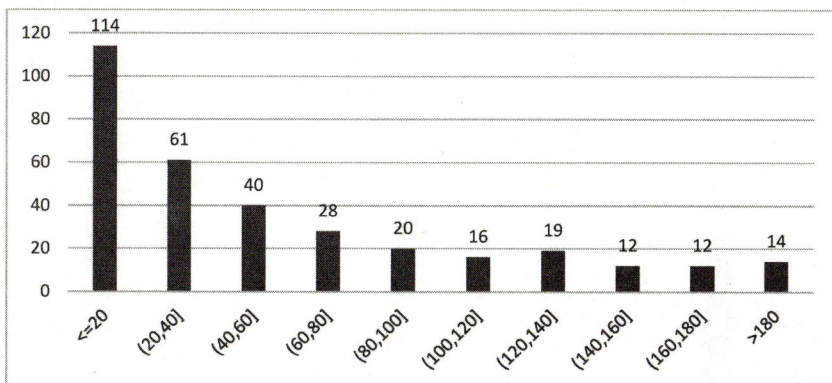

图 5 - 14　2018 年股权型众筹成功项目投资人次区间分布

注:不包含 38 个不显示投资人数的项目。

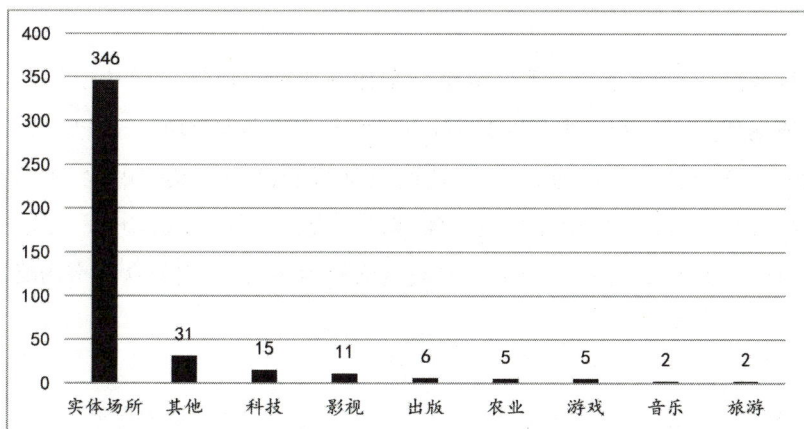

图 5 - 15　2018 年股权型众筹项目类别分布

2018 年八大类别共有 343 个股权型成功项目,占 2018 年所有股权型成功项目的 88.42%。另外,股权众筹还有一个其他类别,包含 31 个项目,在众筹领域中特色不明显,此处不予讨论。

细分行业成功项目数量分布如图 5 - 16 所示。从图中可以看出,项目数最多的是实体场所,共 302 个项目,占八大行业股权型成功项目总数的 88.27%,占比较大,可见实体店铺这一细分领域在股权型众筹项目中占据了非常大的比重。此外,科技、影视类成功项目也较多,分别有 13 和 8 个,而音乐、农业、游戏、出版、旅游的项目较少。

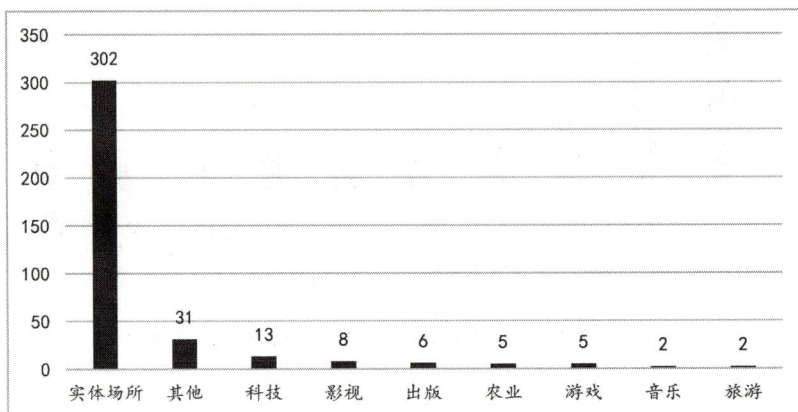

图 5 - 16　2018 年股权型众筹成功项目类别分布

　　细分行业股权型成功项目已筹金额分布如图 5 - 17 所示。成功项目已筹金额最多的是实体场所类,共筹集约 9.69 亿元,占八大类别总融资额的 65.96%,其次是科技类,共筹集约 4.51 亿元,占比为 30.7%,这两类项目的已筹金额共占比 94.24%。可见股权型项目已筹金额主要集中在科技和实体店铺类。此外,游戏、出版、音乐类成功项目已筹金额均不足千万,这些行业多以权益型众筹为主,在股权型众筹市场略显冷清。

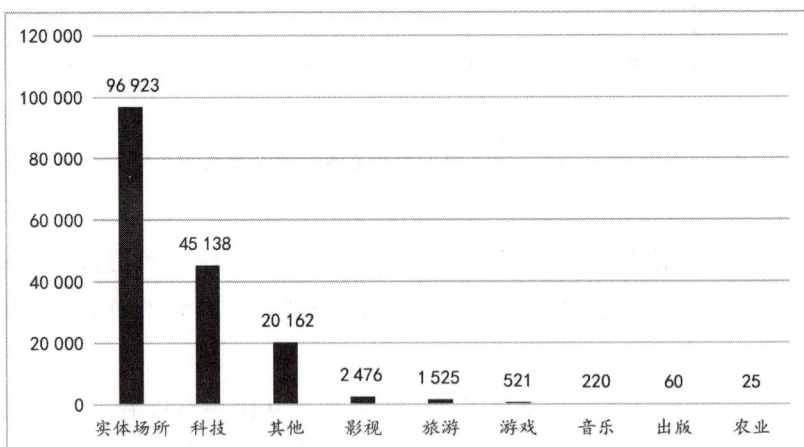

图 5 - 17　2018 年股权型众筹成功项目已筹金额类别分布(单位:万元)

细分行业成功项目投资人次分布如图 5-18 所示。成功项目投资人次最多的仍然是实体场所,共获得 15 538 人次支持,占比为 92.85%;其次是科技和影视,分别为 689 人次和 416 人次,分别占比 4.12% 和 2.49%。

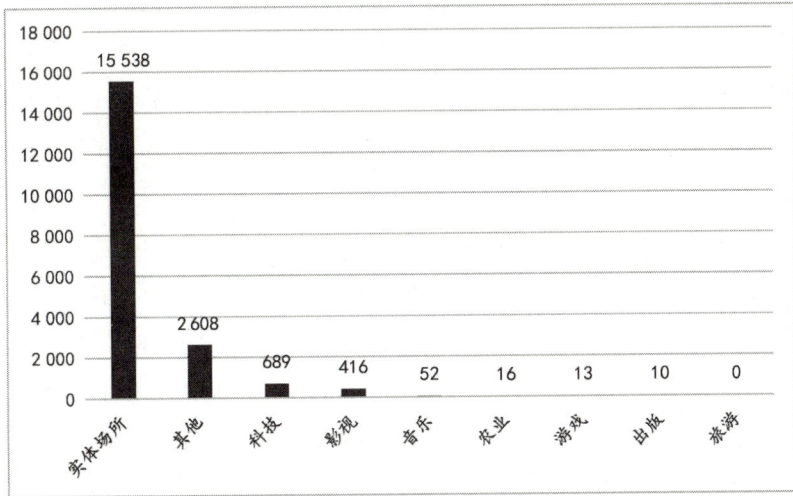

图 5-18　2018 年股权型众筹成功项目投资人次类别分布

5.4　权益众筹发展现状

5.4.1　发展现状

最早成立的权益型众筹平台是美国的 ArtistShare,于 2001 年开始运营,是一家以粉丝为基础的艺术众筹网站,被称为"众筹金融的先锋",同时也是全球第一家众筹平台。但在之后的很长一段时间里,众筹这种新型融资方式却没有得到人们的广泛关注,Crowdfunding(众筹)这个词在 Google 上也没有太多搜索量。直到两大众筹平台 Indiegogo 和 Kickstarter 分别于 2008 年和 2009 年相继成立,才使众筹进入了一个全新的发展时期。和 ArtistShare 一样,Indiegogo 和 Kickstarter 也是权益型众筹平台。权益众筹作为众筹行业的先行者,目前已经形成了一定规模,是众筹行业的重要组成部分。

2011 年 7 月,点名时间上线,标志着我国众筹行业正式拉开序幕,而这正是一家权益型众筹平台。点名时间的运作模式与 Kickstarter 相似,因此被称为"中国的

Kickstarter"。之后,权益众筹便在国内获得了快速发展,平台和项目如雨后春笋般涌现。尽管后来经历了告别众筹,回归众筹,到最后被收购这一系列动荡,点名时间仍在中国众筹史上画下了重重一笔。

权益众筹为多个行业提供了展示优秀项目的渠道,涉及科技、影视、农业、出版、音乐、旅游、人文、游戏等多个领域,具有巨大的想象空间。通过众筹平台,投资者可以了解更多的项目产品,找到新的投资方式;项目方可使其产品得到充分展示,增加融资渠道。无论对投资者还是项目方来说,权益众筹都具有巨大的商业价值,且发展潜力无限。

权益众筹的快速发展与社会环境的变化不无关系。互联网技术的发展为互联网经济奠定了强大的基础,而随着互联网经济的不断发展,人们的金融消费习惯也发生了变化,传统金融消费受到冲击,网络产品开始走进人们的生活。众筹作为互联网金融的组成部分,也受到了广泛关注。而相较于其他众筹模式,权益众筹的普及率更高,一方面,多数权益众筹项目所涉及的产品与人们的日常生活息息相关,如各种电子数码设备、家居用品、农产品等等;另一方面,权益众筹对投资金额要求较低,多数项目的参与金额在几十元到几千元不等,支持者很容易达到参与门槛。

市场需求也是使得权益众筹能够持续发展的重要原因。权益众筹的出现,可以在一定程度上解决中小微企业的融资难题。相比于银行贷款等传统融资方式,权益众筹的融资成本低,融资速度快,还可以为企业创造出人脉、资源等附加价值。观察权益众筹项目可以发现,很多时候权益众筹带来的不仅仅是资金,有很多项目发起方是为了增加产品的知名度和关注度,例如一些数码产品、手工艺品、农产品等等。这些产品大多数已经面世,市场上的同类产品很多,项目发起方设定的目标金额并不高,几千元到几万元不等,很明显,资金并不是他们的第一目的,借助平台向更多的人推广产品,增加品牌知名度才是这场众筹为其带来的最大利益,这在京东众筹、淘宝众筹、苏宁众筹等平台上都有非常明显的体现;而从用户需求的角度看,权益众筹的发展也为用户带来了全新的体验,权益众筹平台本身具有互动社交平台的特点,为用户与用户之间、用户与项目方之间搭建了一个交流沟通的平台,用户通过平台找到了自己感兴趣的项目,在获得项目回报的同时也有极高的参与感。

虽然目前权益众筹已经形成一定规模,但仍有很多制约因素影响其发展。一是相关政策法规尚不成熟。近几年来,国内关于政策的讨论更多地围绕股权型众筹,关于权益众筹的监管还相对滞后;二是中小平台存活难。根据 2018 年各平台权益型成功项目融资额数据显示,多彩投、开始吧、京东众筹、淘宝众筹和小米众筹五家平台的融资总额占到所有融资额的近八成,对项目方来说,当然优先选择流量大的众筹平台,留给中小平台的机会就不多了;三是权益众筹平台盈利困难。一般众筹平台最直接的盈利点是收取项目佣金,部分股权型项目还有平台占股的方式。但对权益众筹来说,单个项目的融资金额不是很高,相应抽取的佣金也就不多,且绝大多数权益型平台上的项目数较少,抽取佣金的商业模式很难为平台带来利润;四是目前众筹行业征信体系缺位。投资者无法判断项目方是否值得信任,如果项目方在众筹过程中出现不诚信的行为,不仅损害投资者的利益,也会影响众筹平台声誉;五是众筹项目存在知识产权保护不足的问题。在权益众筹项目中,有的产品还未面世,项目方需要在项目介绍中披露产品相关信息,鉴于国内知识产权保护现状,难以保证创意不被他人剽窃,这使得项目方缺乏安全感。但若是项目信息披露过于保守,投资者无法看到完整的信息,也很难做出投资决策。

从行业融资额来看,2018 年融资总额基本上与上年持平,但是成功项目数相比上年却有所下滑,众筹人数更是减少接近一半。不得不承认权益众筹目前存在很多困难及问题,但是相信通过相关从业者的共同努力,权益众筹一定会迎来更好的发展。

5.4.2 权益众筹数据分析

1) 权益众筹平台上线时间分布

据不完全统计,截至 2018 年年底,国内共上线过权益众筹平台 231 家。其中,2011 年上线平台 2 家;2012 年上线平台 6 家;2013 年上线平台 9 家;2011—2013 年期间共计上线 17 家;2014 年,权益众筹平台数量大增,全年共有 59 家平台上线,占比 25.54%;2015 年,平台数量持续增长,全年共有 98 家平台上线,占比 42.42%;2016 年,权益众筹平台上线数有所回落,全年共上线 49 家,占比 21.21%;2017 年,整个众筹行业新上线的平台中权益型平台有 6 家;2018 年权益平台新上线 3 家。

截至 2018 年年底,这 231 家权益众筹平台中已下线或转型的共有 180 家,正常运营的平台共 51 家,正常运营平台数同比 2017 年年底下降了 41.11%。从图 5 - 19 中可以看出具体情况,2011—2013 年期间上线的 17 家平台中,已下线或转型的有 8 家,正常运营的有 7 家;2014 年上线的平台中仍正常运营的有 21 家,占 2014 年上线权益众筹平台数的 35.59%;2015 年上线的 98 家平台中有 64 家下线或转型,余下正常运营的平台共 34 家,占比 34.69%;2016 年上线的平台中仍正常运营的有 21 家,占当年上线平台数的 42.86%;2017 年上线的 6 家平台均在运营当中;2018 年上线的平台现均处于官网无法打开状态。

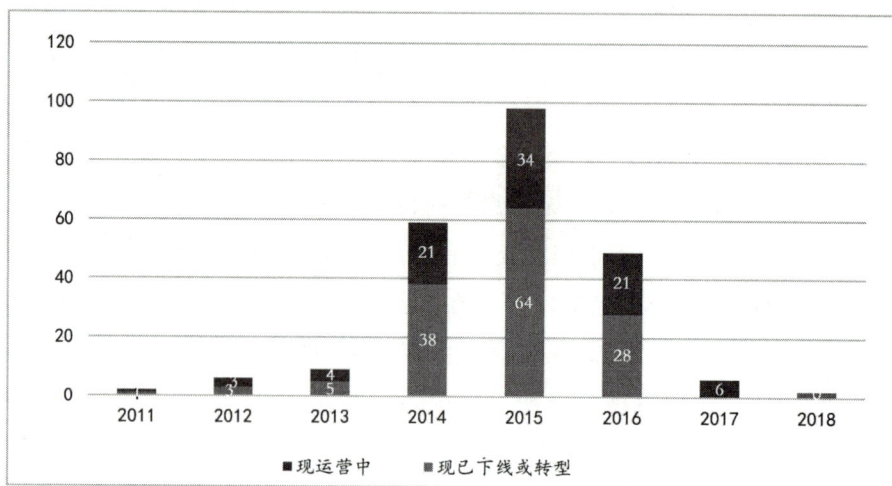

图 5 - 19 权益众筹平台上线时间分布

2) 权益众筹平台地域分布

正常运营的 51 家权益众筹平台分布在全国 15 个省级行政区,地区分布差异明显,经济文化发达、开放程度较高的沿海地区是平台主要聚集地,东北、西北和西南地区数量屈指可数,差异的形成与各地的金融环境、创业文化等因素不无关系。北京的权益型众筹平台数量最多且领先优势非常明显,共有 20 家,占比 40.00%;浙江排名第二,共有 7 家,占比 14.00%;广东排在第三,有 6 家,占比 12.00%;江苏有 5 家,占比 10.00%。这四个地区平台合计 38 家,占比 76.00%,是权益众筹平台的主要地区。其余地区的平台数量较少,均不超过 5 家。

3) 权益众筹市场规模占众筹行业总规模比例

据不完全统计,2018 年全年共有权益型项目 18 349 个,其中成功项目有 10 375 个,占比 56.54%。其中有 10 140 个成功项目设定了目标金额,预期总融资额约为 29.43 亿元,实际总融资额约为 99.12 亿元,成功项目总支持人次约为 1 347.06 万人次。

2018 年全年众筹行业共有项目 70 348 个(包括权益型众筹、股权型众筹、物权型众筹和公益型众筹),其中权益型项目为 18 349 个,占比 26.08%,见图 5 - 20。权益型众筹项目发起流程较为简单,融资成本低,且有京东众筹、淘宝众筹、苏宁众筹等大流量的电商平台提高项目产品知名度,加上一些农业、音乐等领域的垂直型平台的行业影响力不断提高,所以有很多个人或企业愿意尝试,使得权益型项目总数占比较高。

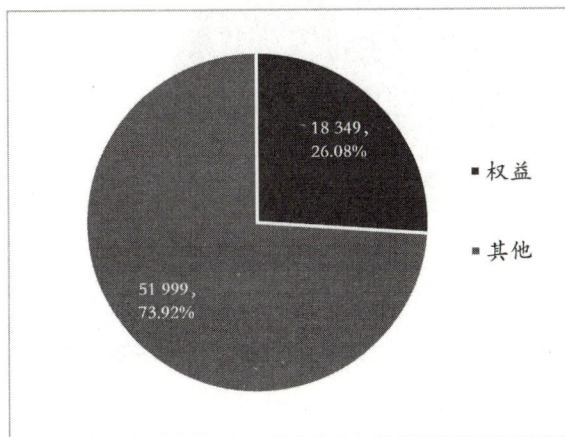

图 5 - 20　2018 年权益众筹项目数占比

2018 年全年众筹行业共有成功项目 46 042 个,其中权益型成功项目为 10 375 个,占比 22.53%(见图 5 - 21)。相比总项目数,权益众筹成功项目数占比稍低。

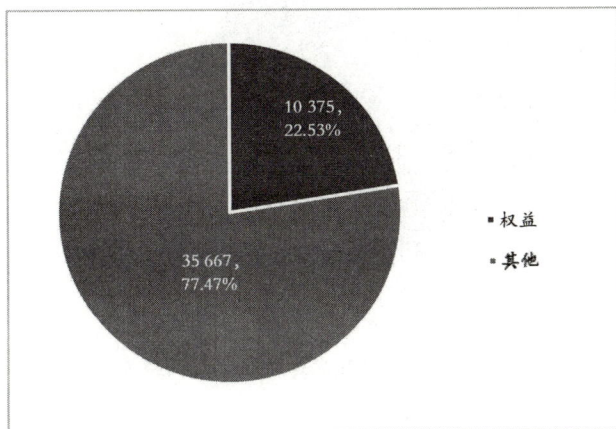

图 5 - 21　2018 年权益众筹成功项目数占比

2018 年全年众筹行业成功项目实际总融资额约为 178.02 亿元,其中权益型成功项目实际总融资额约为 99.11 亿元,占比 55.67%,见图 5 - 22。

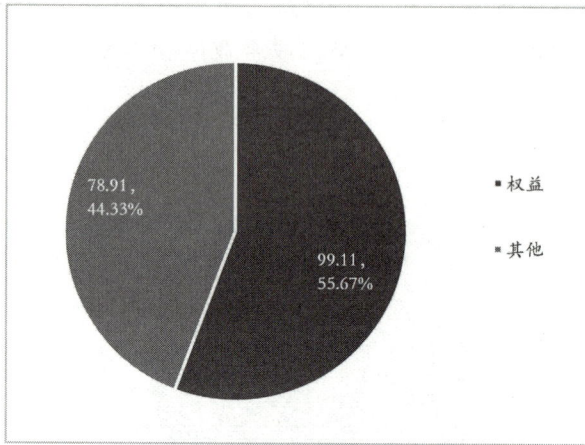

图 5 - 22 2018 权益众筹成功项目实际总融资额占比

2018 年全年众筹行业成功项目总支持人次约为 1 925.22 万人次,其中权益型成功项目总支持人次约为 1 347.06 万,占比 69.97%,见图 5 - 23。

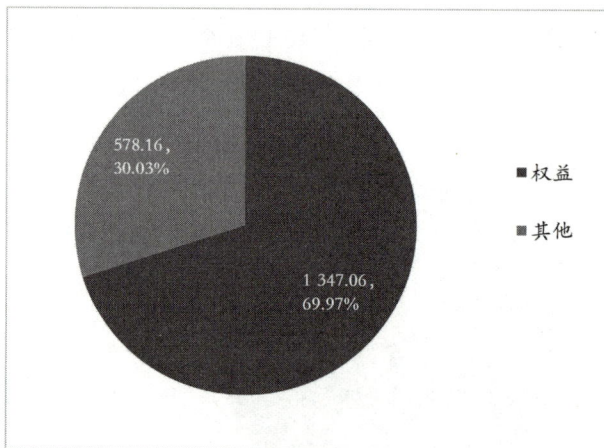

图 5 - 23 2018 年权益众筹成功项目支持人次占比

从以上分析来看,无论是投资人次还是融资额方面,权益众筹在整个众筹市场中都占有较高比例,是众筹行业的重要组成部分。

4）权益众筹 2018 年市场规模占权益众筹总规模比例

截至 2018 年年底,共有权益型成功项目 48 158 个,其中 2018 年全年为 10 375 个,占比 21.54%（见图 5 - 24）。2018 年权益型成功项目数同比 2017 年减少了 25.50%,项目数出现较大下滑。

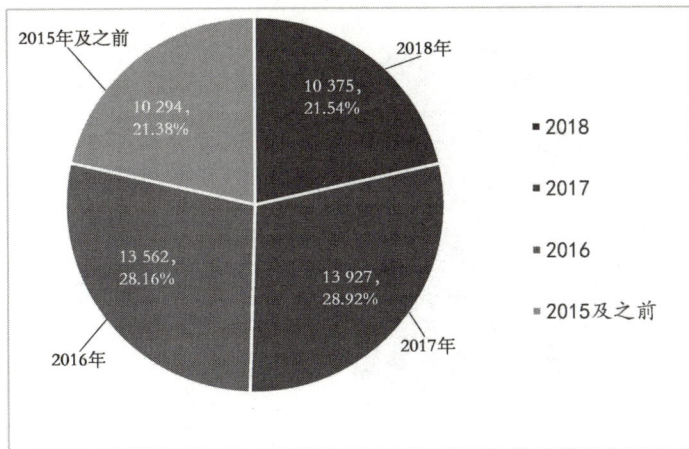

图 5 - 24　2018 年权益众筹成功项目数占比

截至 2018 年年底,权益型成功项目实际总融资额约为 290.11 亿元,其中 2018 年全年约为 99.11 亿元,占比 34.16%（见图 5 - 25）。权益众筹在 2018 年仍旧具有相当不错的融资成绩,全年融资额为过去历年最高。

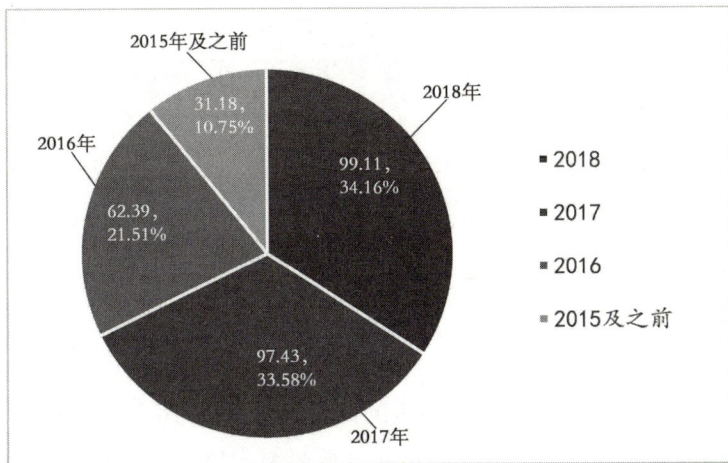

图 5 - 25　2018 年权益众筹成功项目实际总融资额占比

截至 2018 年年底,权益型成功项目总支持人次约为 8 749.26 万人次,其中 2018 年全年约为 1 347.06 万人次,占比 15.40%(见图 5 – 26)。2018 年权益型成功项目支持人次比 2017 年减少了 956.29 万人次,跌幅 41.62%。

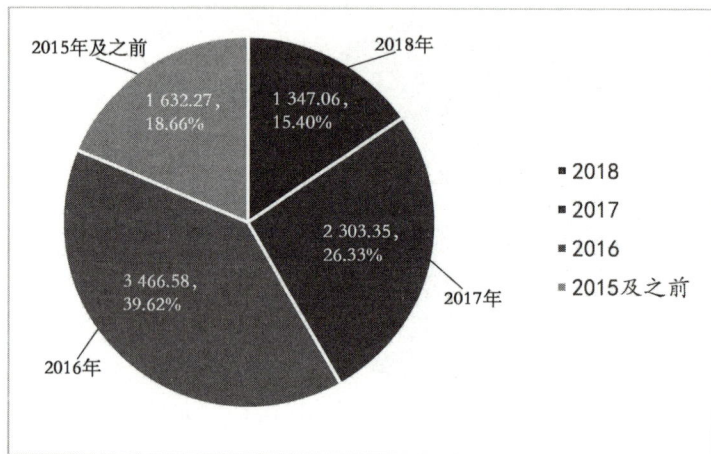

图 5 – 26　2018 年权益众筹成功项目支持人次占比

5)权益众筹成功项目各指标区间分布

据不完全统计,2018 年全年共有权益型成功项目 10 375 个,其中 772 个项目的预期融资金额无法统计,标记为"无目标"项,占所有项目的 7.44%。对所有成功项目的预期融资金额进行区间分布统计,结果如图 5 – 27 所示。预期融资额在万元及以下的项目有 1 981 个,占比 19.09%;在 1 万~5 万元(包含 5 万元)区间的项目有 2 394 个,占比 23.07%;在 5 万~10 万元区间的项目有 1 833 个,占比 17.67%;在 10 万~50 万元区间的项目有 1 856 个,占比 17.89%;在 50 万~100 万元区间的项目有 1 112 个,占比 10.72%。以上区间内的项目数合计为 9 176 个,占比达 88.44%,可见有近九成权益型成功项目的预期融资额不超过百万元。预期融资额在百万元以上的项目只有 427 个,仅占比 4.12%。相比股权型项目,权益型项目的预期融资额普遍偏低。

在 2017 年分布统计中,项目数最多的区间是 5 万~10 万元,而在 2018 年的区间分布中则是 1 万~5 万元区间的成功项目数最多。权益型项目的预期融资额有轻微的下降趋势。

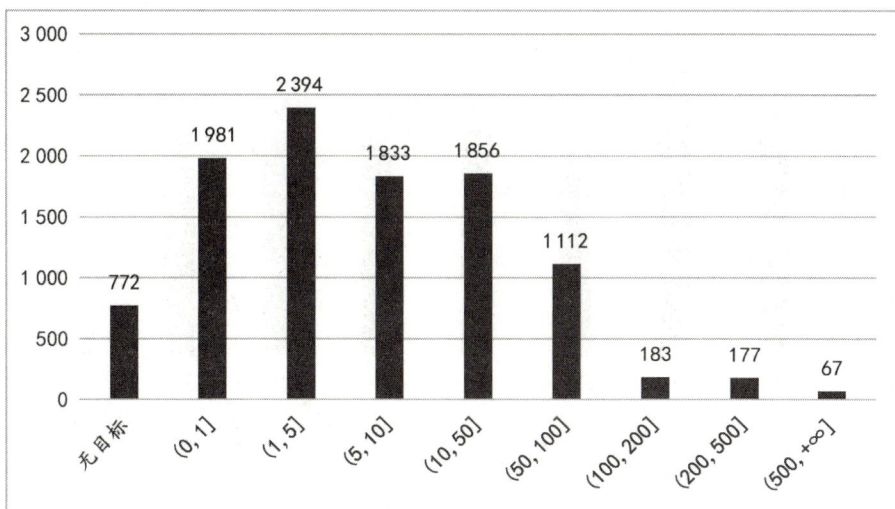

图 5-27　2018 年权益众筹成功项目预期融资额区间分布（区间单位：万元）

对权益型成功项目的实际融资金额进行区间分布统计，结果如图 5-28 所示。实际融资额在 1 万元及以下的项目有 1 341 个，占比 12.93%；在 1 万~5 万元（包含 5 万元）区间的项目有 1 857 个，占比 17.90%；在 5 万~10 万元区间的项目有 1 286 个，占比 12.40%；在 10 万~20 万元区间的项目有 1 392 个，占比 13.42%；在 20 万~ 50 万元区间的项目有 1 341 个，占比 12.93%；在 50 万~100 万元区间的项目有 1 585 个，占比 15.28%。以上区间内的项目数合计 8 802 个，占比 84.84%，可见大多数权益型成功项目的实际融资额不超过 100 万元。实际融资额超过千万元的项目有 194 个，多数来自开始吧、多彩投、京东众筹、苏宁众筹和小米众筹等大平台。

10 375 个权益型成功项目中，除去 270 个项目的支持人次无法统计，共有 10 105 个有效值，占比 97.40%。对所有成功项目的支持人次进行区间分布统计，结果如图 5-29 所示。支持人次在 10 人次及以下的项目有 355 个，仅占比 3.42%；在 10~50 人次（包含 50 人次）区间的项目有 2 094 个，占比 20.18%；在 50~100 人次区间的项目有 1 430 个，占比 13.78%；在 100~1 000 人次区间的项目有 4 472 个，占比 43.10%；在 1 000~1 万人次区间的项目有 1 491 个，占比 14.37%。以上区间内的项目合计 10 112 个，占比 97.47%，即绝大部分权益型成功项目的支持人次在万人之下。支持人次超过 10 万的项目有 7 个，这些项目可以说是高人气明星项目。

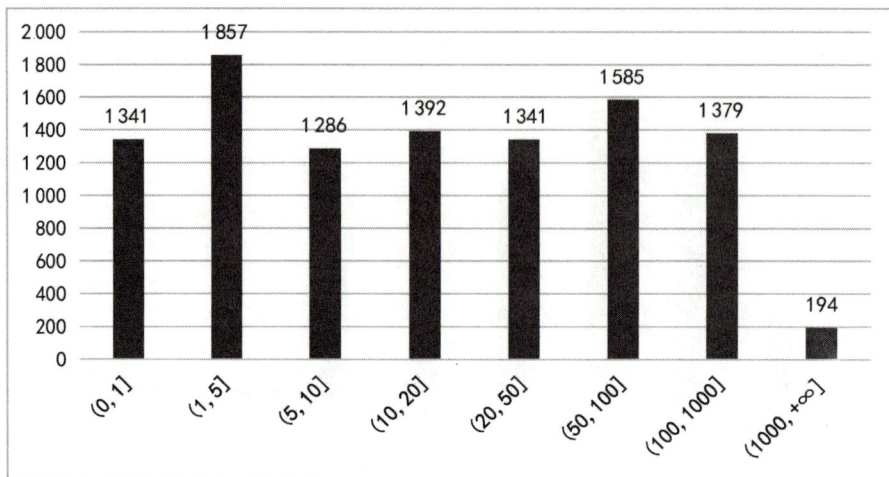

图 5 - 28　2018 年权益众筹成功项目实际融资额区间分布(区间单位:万元)

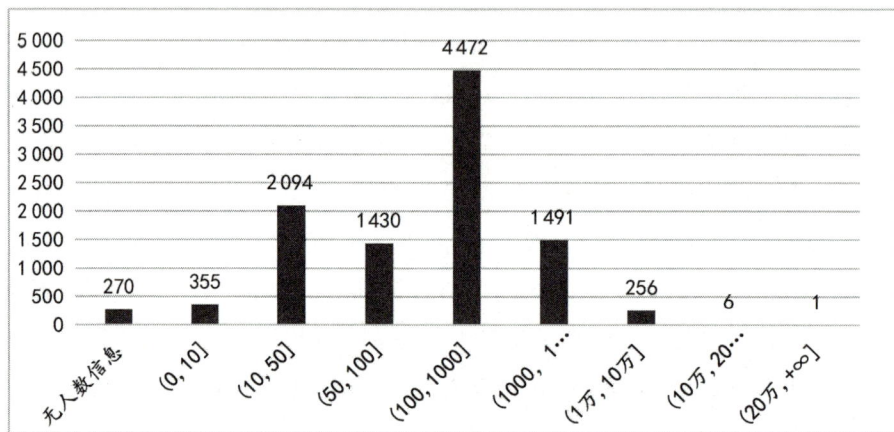

图 5 - 29　2018 年权益众筹成功项目支持人次区间分布

6) 权益众筹项目分类统计

结合当下众筹行业的热门细分领域,对权益型项目进行分类,主要分出了八大类别:影视、科技、农业、实体场所、音乐、出版、游戏、旅游。

据不完全统计,2018 年全年共有权益型项目 18 349 个,其中八大类别项目总数为 15 222 个,各类别具体项目数如图 5 - 30 所示。

总项目数排在第一的是影视众筹,共有 7 828 个,占权益型项目总数的 42.66%。

影视票房的逐渐飙高对众筹行业也产生了一定的影响,有更多的人想要通过众筹来开启自己的影视事业。紧跟影视众筹的是科技众筹,共有 3 005 个,占比 16.38%。随着人们生活水平的不断提高,对科技产品的需求也逐渐增加,而科技行业本身的迅速发展也给众筹科技产品带来了更多的选择。农业众筹排名第三,共有 2 210 个项目,占比 12.04%。我国是农业大国,农业众筹项目数较多符合我国国情,且农业众筹项目中很多产品是绿色无污染的农产品,如今人们由于食品安全问题,很愿意尝试支持这些农业项目,有需求就会有市场,这也是农业众筹项目较多的重要原因。影视、科技和农业众筹项目合计 13 043 个,共占比 70.18%。实体场所排在第四,共有 1 300 个项目,占比 7.08%。项目数最少的是旅游众筹,只有 49 个,仅占比 0.27%。

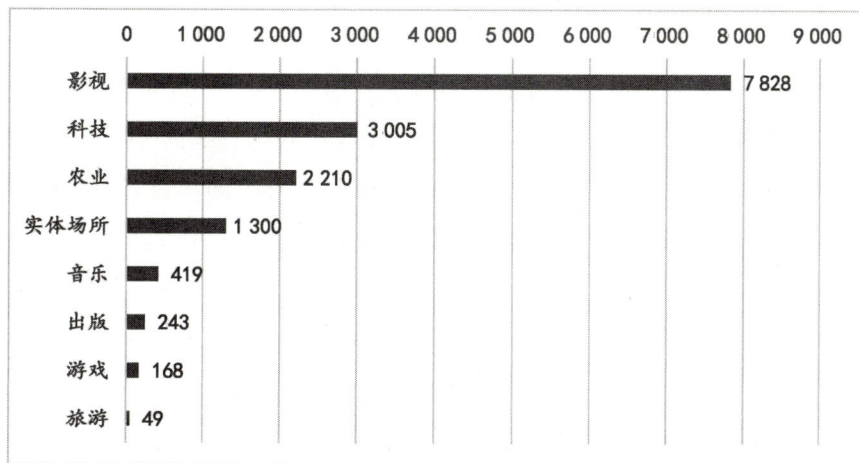

图 5‐30　2018 年权益众筹项目类别分布

在八大类别 15 222 个项目中,成功项目为 8 816 个,各类别成功项目数分布如图 5‐31 所示。和总项目数的分布趋势略有不同,成功项目数排在第一的是科技众筹,共有 2 856 个,占到权益型成功项目总数的 27.53%;影视众筹成功项目排名第二,共有 2 592 个,占比 24.98%;农业众筹仍旧排名第三,共有 1 675 个项目成功,占比 16.14%;实体场所众筹排名第四,共有 1 215 个成功,占比 11.71%;其余分类的权益型成功项目均未超过 200 个。

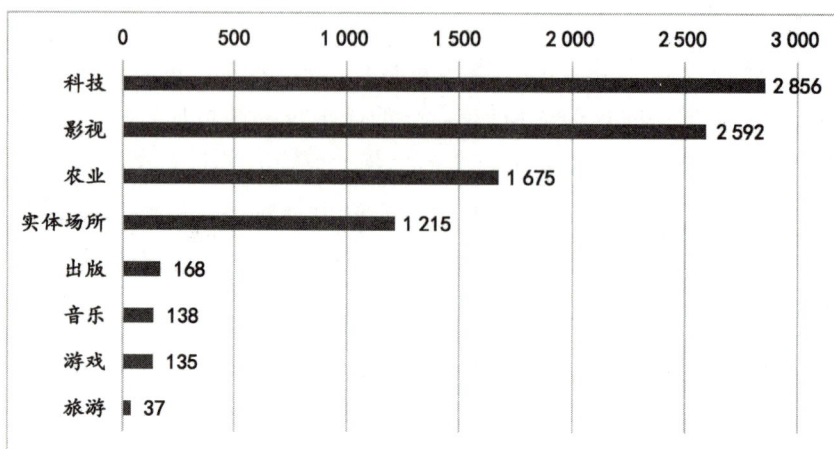

图 5 - 31　2018 年权益众筹成功项目类别分布

八大类别权益型成功项目实际总融资额约为 92.59 亿元,其中实体店铺众筹排在第一位,已筹金额约为 47.70 亿元,占到各类别实际总融资额的 48.13%,实体店铺众筹融资额较高的主要原因是有不少来自开始吧和多彩投的项目,这些项目的已筹金额普遍较高;科技众筹的成功项目融资额排名第二,约 29.90 亿元,占比 30.16%;农业众筹的已筹金额排名第三,为 8.80 亿元,如图 5 - 32。农业众筹和科技众筹项目数量虽然较多,但是单个融资额却不及实体场所;影视项目融资额排在第四,相比农业众筹和科技众筹的单个项目融资额更低。

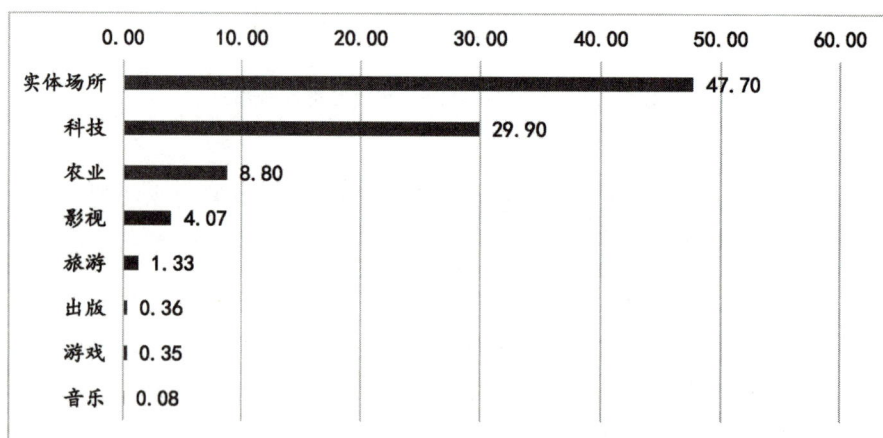

图 5 - 32　2018 年权益众筹成功项目已筹金额类别分布(单位:亿元)

八大类别权益型成功项目总支持人次约为 1 260.48 万人次，其中科技众筹遥遥领先，约为 1 043.48 万人次，占比 77.46%；影视众筹排名第二，约为 86.16 万人次，占比 6.40%；农业众筹成功项目支持人次约 84.63 万人次，占比 6.28%。其余类别的支持人次相对较少，合计约 36.21 万人次，占比 2.69%。如图 5－33 所示。

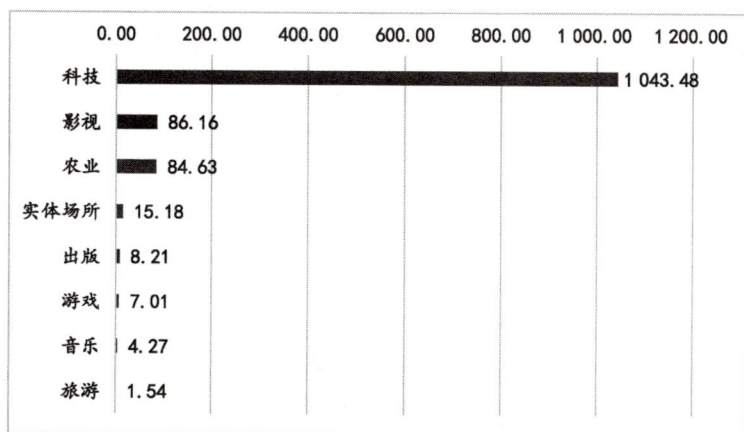

图 5－33　权益众筹成功项目支持人次类别分布（单位：万人次）

7）权益众筹融资规模分布

据不完全统计，2018 年全年中国权益众筹市场融资规模达到 99.11 亿元，对各个平台权益型成功项目融资总额进行统计，排名前十的平台如表 5－3 所示，各平台融资规模占比如图 5－34 所示。

表 5－3　2017 年众筹平台权益型项目融资规模 TOP10

平台名称	总项目数	成功项目数	成功项目已筹金额 （万元）	人次
多彩投	267	253	275 841.45	无法获取
开始吧	606	606	197 738.63	187 000
京东众筹	2 415	2 391	149 002.58	2 521 713
淘宝众筹	1 807	1 807	92 097.15	7 228 613
小米众筹	150	150	66 958.66	1 827 300
苏宁众筹	273	273	43 364.14	706 747
啧啧众筹	478	314	37 568.22	159 980

（续表）

平台名称	总项目数	成功项目数	成功项目已筹金额 （万元）	人次
点筹网	605	605	36 854.73	12 408
一米好地	395	394	34 088.34	25 635
聚米众筹	184	176	29 429.29	7 591

注1：本表按各平台权益型成功项目已筹金额进行排序。

注2：本表统计的是各平台的权益型项目数据，并非平台总体数据。

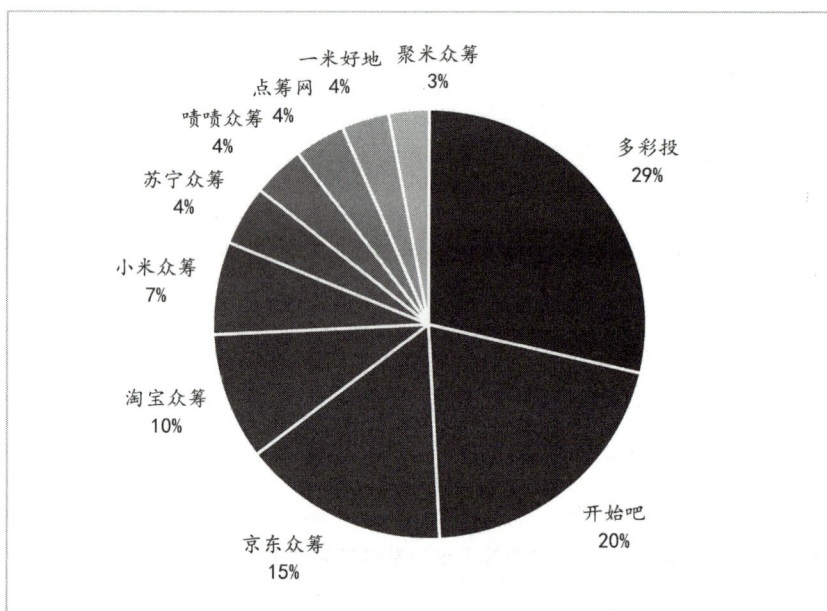

图 5 - 34　2018 年权益众筹行业融资规模占比图

注：本图统计的是各平台的权益型成功项目数据，并非平台总体数据。

权益型成功项目融资规模前十的平台，融资总额约为 96.29 亿元，占到了 2018 年整个权益众筹市场规模的 97.15%。十家平台的融资总额均超过 2 亿元，与第十一名的摩点网 9 703 万元拉开了很大的差距。

排名第一的平台是多彩投，其 2018 年融资规模约为 27.58 亿元，占 2018 年权益众筹整体规模的 27.83%；排在第二位的是开始吧，其 2018 年权益型成功项目融资额约为 19.77 亿元,占比 19.95%;随后是京东众筹,2018 年权益型项目融资规模约为 14.90 亿元,占比 15.03%。这三家平台融资规模都超过了 10 亿元,占据了 62.82% 的份额。

排在第四的是淘宝众筹,2018 年融资规模约为 9.20 亿元,占比 9.29%。小米众筹和苏宁众筹分别排在第五、第六位,融资额分别为 6.69 亿元和 4.33 亿元。然后是喷喷众筹、点筹网和一米好地,融资额分别为 3.75 亿元、3.68 亿元和 3.40 亿元。聚米众筹排在第十,融资额为 2.94 亿元。

除去排名前十的平台,其余平台 2017 年权益型成功项目融资总额仅占比 2.85%。

8）权益众筹典型项目分析

对 2018 年成功的权益型项目的已筹金额进行统计,排名前十的项目如表 5 - 4 所示。这十个项目的融资额均超过 5 000 万元,相邻项目间金额差距不是很大,项目多数来自多彩投。然而融资额前三的项目分别来自京东众筹、苏宁众筹和开始吧。京东众筹平台的"正泰'泰极'居家断路器"是实际融资额最高的项目。

表 5 - 4　2018 年权益众筹项目融资金额 TOP10

项目名称	预期融资（万元）	实际融资（万元）	比例	人次	所在平台
正泰"泰极"居家断路器	1 000	12 053.401 2	1 205%	11 983	京东众筹
购苏宁卡得超级会员福利	10	10 983.000 0	109 830%	21 966	苏宁众筹
王功权再度出山,打造青普人文度假"新物种"	20	10 799.627 2	53 998%	300	开始吧
万枫酒店·杭州新天地店	1 000	6 620.000 0	662%	/	多彩投
上海菲拉拉君澜度假酒店	2 000	6 575.000 0	329%	/	多彩投
乌镇·青庐二期	300	6 173.000 0	2 058%	/	多彩投
杭州西溪十里芳菲度假村	1 620	5 931.000 0	366%	/	多彩投
美豪雅致酒店西安大雁塔店	2 500	5 810.000 0	232%	/	多彩投
电车	/	5 498.852 8	/	10 131	小米众筹
三亚海航悦逸度假酒店	1 200	5 000.000 0	417%	/	多彩投

注 1:本表按各权益型成功项目实际融资额排序。

注 2:平台多彩投的项目支持人次无法采集。

对各个权益型成功项目的支持人次进行统计,排名前十的项目如表 5-5 所示。这十个项目的支持人次均超过 9 万人次,并且均来自淘宝众筹平台。其中项目"放松,只要 15 分钟。石墨烯发热真丝眼罩"人气最高,支持人次达 24.67 万人次。

表 5-5 2018 年权益众筹项目支持人次 TOP10

项目名称	预期融资(万元)	实际融资(万元)	比例	人次	所在平台
放松,只要 15 分钟。石墨烯发热真丝眼罩	100 000	801 185	801%	246 753	淘宝众筹
一贴即用 轻松缓解颈肩疲劳的智能无线颈康仪	100 000	5 671 266	5 671%	112 828	淘宝众筹
【发财喵车载手机重力支架】为你招财纳福	100 000	4 100 838	4 101%	109 030	淘宝众筹
三重防盗的 k 包,找回出行安全感	100 000	7 611 629	7 612%	107 285	淘宝众筹
调香大师的驱蚊精油♯,微森林驱蚊精油	100 000	1 212 519.6	1 213%	105 769	淘宝众筹
aiya 儿童超声波电动牙刷——跳一跳	100 000	2 260 507.7	2 261%	105 501	淘宝众筹
老烟枪低温烤烟电子烟 可兼容 IQOS 烟弹	100 000	2 412 524.2	2 413%	100 666	淘宝众筹
乐泡超能手账充电宝,能随手记的移动电源	20 000	2 555 060	12 775%	98 721	淘宝众筹
【国家队限量版】翻盖隐藏式临时停车牌	100 000	820 448.1	820%	95 918	淘宝众筹
自由拼接多功能数据线	100 000	2 040 888	2 041%	94 766	淘宝众筹

注:本表按各权益型成功项目支持人次排序。

5.5 物权众筹发展现状

5.5.1 发展现状

物权众筹是指通过互联网方式众筹资金,收购实物资产,通过资产升值变现退出后获得投资收益,或者通过经营获得经营性收入。物权众筹的应用场景非常广泛,比如汽车众筹、不良资产处置、房产众筹、农产品众筹、艺术品众筹等。为强调其实物性,故称之为物权众筹。

2018 年,汽车众筹发展有所滞缓,正常运营的平台数较 2017 年大幅度减少,项目融资额降低,但是依旧在整个众筹行业中占据了一定份额。除汽车众筹外,房产众筹也是物权众筹的主要模式之一。此外,还有以航天和医疗器械、农产品、海产品等实物为标的的物权众筹,但考虑其较为小众,本章主要讨论房产众筹及汽车众筹。

5.5.2　物权众筹数据分析

据不完全统计,在 2018 年全年众筹行业的 70 351 个项目中,物权型项目为 33 747 个,占比 47.97%(见图 5-35)。其中,成功项目有 33 702 个,占比 99.87%;有 21 043 个成功项目设定了目标金额,预期总融资额约为 39.03 亿元,实际总融资额约为 60.44 亿元;成功项目总支持人次约为 23.36 万人次。

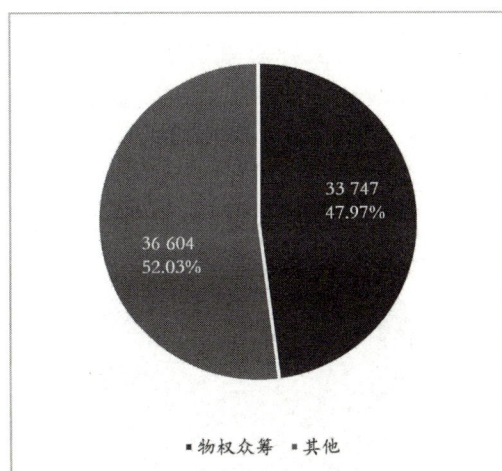

图 5-35　2018 年物权众筹项目数占比

2018 年全年众筹行业共有成功项目 46 042 个,其中物权型成功项目为 33702 个,占比 73.20%,见图 5-36。相比其他类型众筹项目数占比,物权众筹成功项目数占比较高。

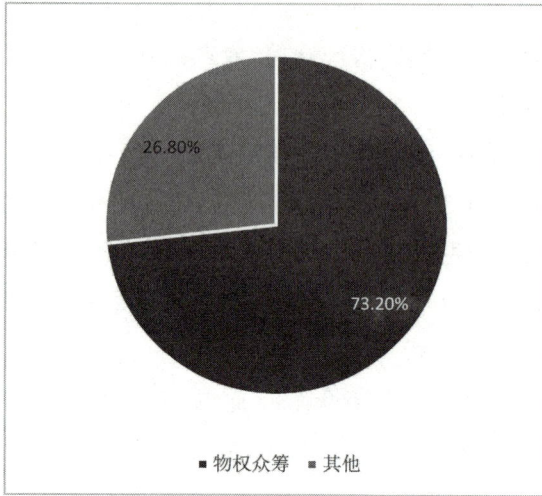

图 5 - 36　2018 年物权众筹成功项目数占比

2018 年全年众筹行业成功项目实际总融资额约为 178.02 亿元,其中物权型成功项目实际总融资额约为 60.44 亿元,占比 33.95%,见图 5 - 37。

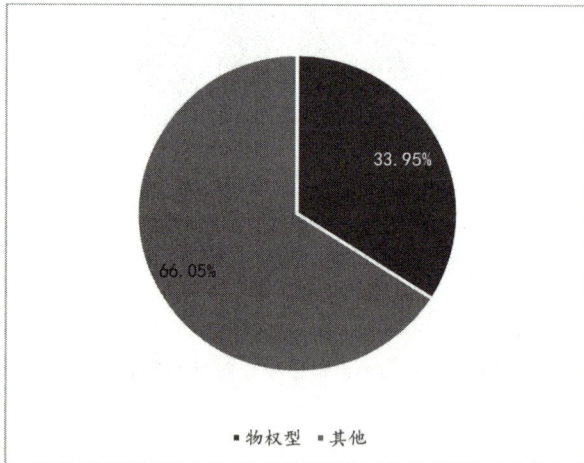

图 5 - 37　2018 年物权众筹成功项目实际总融资额占比

从以上分析来看,无论是项目数还是融资额方面,物权众筹在整个众筹市场中都占有一定比例,是众筹行业的重要组成部分。

5.5.3　房产众筹模式及发展现状

1) 房地产众筹主要模式

房地产众筹之所以曾一度受到青睐,一方面是由于众筹能借助互联网的传播效应,以小成本在短时间内将楼盘的有效信息传达至目标消费者;另一方面,北上广深等一线城市供需严重不平衡,在客观上催生出众筹炒房等现象。

房地产众筹的模式主要有四种,具体如下:① 开发融资真实购房型,以开发商获得开发建设资金,投资者直接获得房屋产权为目的;② 开发融资投资理财型,开发商主要以获得开发建设资金为目的,投资者主要以获得投资理财收益为目的;③ 营销去化真实购房型,开发商以项目去化为目的,投资者以获得房屋产权为目的;④ 营销去化投资理财型,实质上是准 REITs 产品,主要也是帮助开发商房屋去化的同时帮助投资者获得理财收益。

2) 房地产众筹发展现状

自 2014 年 9 月 23 日苏州万科携手搜房网发起国内首个房地产众筹项目以来,中国房地产众筹虽然只发展了短短五年多的时间,却经历了"缓步上升—快速发展—急速下降—再寻出路"的几个变化阶段。

2015 年,在"互联网＋"的大背景之下,房地产众筹受到社会各界的广泛关注,包括万科、绿地、万达、远洋等大牌房企,都相继布局了房地产众筹业务。

2016 年 4 月,多地全面叫停各种形式的房地产众筹,要求各企业停止开展房地产众筹业务。此后,全国多家房地产众筹平台下线或转型,房地产众筹行业开始下行。对于这次整改事件,业内人士认为,监管部门是在萌芽阶段对当前的市场乱象进行一次集中整治,防止不合规的炒房平台扰乱市场,从长远来看是件好事。目前业内对于出台明确监管细则或者法律法规的呼声越来越高,随着相关政策、制度的完善,符合中国房地产市场规律、符合相关法律法规的产品将在合规合法的路途上走得更远。

至 2017 年年底,上线过的 31 家房地产众筹平台(包括含有房地产众筹版块的综合平台)中,仅剩 4 家平台正常运营且 2017 年有项目更新,这 4 家平台分别是:一米好地、中 e 财富、好好众筹和众筹房。2017 年,房地产众筹行业发展延续 2016 年趋势,继续走低。

至 2018 年年底,仅剩中 e 众筹 1 家平台正常运营且 2018 年有项目更新,共有房地产成功项目 80 个,实际融资额约 0.67 亿元。2018 年,房地产众筹行业发展延续

2017 年趋势，持续走低。

以下为中 e 众筹平台概况。

中 e 众筹，平台原名中 e 财富，为北京世通嘉华众筹投资管理有限公司旗下的物权众筹平台，2015 年 1 月在北京上线。主营业务为车辆众筹，同时设有房产众筹业务版块。

2017 年，中 e 财富共有房地产成功项目 610 个，实际融资额 3.15 亿元，投资人次达到 8.34 万人次。

2018 年，中 e 众筹共有房地产成功项目 80 个，实际融资额 0.67 亿元，投资人次为 1.77 万人次。

5.5.4 汽车众筹模式及发展现状

1）汽车众筹对实体经济的意义

汽车众筹包括新车众筹和二手车众筹。由于目前二手车众筹所占的比例极大，新车众筹的比例很小，因此，汽车众筹常被称为二手车众筹，在行业内往往被当做同义词而不加以区别对待。本书对两者也不加以严格区分。

通常意义上，汽车众筹就是车行收购二手车，然后将车辆放到汽车众筹平台上来众筹融资，车辆出售以后，将利润与投资者进行分成的行为。

汽车众筹的收益主要来自买卖差价，即低买高卖。第一步的买入价格，由平台和二手车商决定；第二步的卖出价格，由参与众筹的投资者共同决定，通常是二手车商将买家的出价报给平台，投资者在平台上投票决定是否成交。举个例子：投资者众筹 10 万元买下一辆二手车，最后二手车商以 10.5 万元的价格卖出，假如这整个过程只用了 1 天，那么这 1 天的收益率就是 5%，换算一下，则该项目的年化收益率就是 1 825%。除去平台和二手车商通常 30%～50% 的佣金提成，那么投资者能获得的年化收益就是 1 000% 左右。当然，能在一天内就将二手车售出的项目毕竟是少数，销售时间越长，年化收益率也就越低。

共享经济本质上以互联网为媒介，搭建了一个供给方和需求方对接的平台，由于互联网连接一切的特点，使得供需双方的对接变得方便快捷，并且边际成本递减。汽车众筹在内的互联网金融平台对接的是资金供给方和资金需求方，毫无疑问是一种共享经济。

（1）采购资金多元化。

对于车商来说，主要解决的是车商库存融资的需求。除了库存融资需求以外，车商实际上还会有合车的需求,也就是同行拆借的需求。这是一个具有非常强的线下交易场景的金融需求,由于目前二手车市场还是一个车源为主导的市场,大部分优质车源是需要抢出来的。具体来说就是要求资金通道稳定快速,汽车众筹平台正好能解决车商融资的要求。同时,二手车物权众筹一般情况下对于车商的兜底要求比较低,在一定程度上是投资者替车商承担了一定风险,即当车辆销售亏损时,车商的资金成本明显低于其他资金渠道;作为平衡,当车辆销售产生利润时,投资者分取车商的部分利润作为回报。这是一种共担风险、共享收益的合伙创业模型,是真正意义上的共享经济。未来随着行业的逐渐规范发展,可以不断降低车商的兜底利息甚至是不兜底,实现真正的共享式合伙创业。

(2) 提高收益能力。

从整个二手车利润链条来说,车商的利润由三部分组成:销售差价、金融产品(消费贷款、保险等)、售后服务。作为传统车商来说,以往的商业模式仅仅是想赚取差价,而对于金融产品和售后服务准备不足,但随着互联网二手车电商的发展,已经使得信息愈发透明,差价模式难以维系一家线下二手车商的发展。那么汽车众筹平台除了解决库存融资的需求,还可以帮助车商去对接消费贷款、保险、保养美容等增值服务,提升车商的运营利润空间。

2) 汽车众筹主要模式

目前的二手车众筹有三种常见模式:预售自购型、买卖差价型和以租代购型。

(1) 预售自购型。

车商为降低库存成本,以低于市场价的价格在众筹平台发起项目,投资者通过投资最终获得汽车产权或长期使用权,平台则主要通过向项目发起方收取交易佣金或是利息管理费等盈利。

这种众筹模式偏重于销售,性质类似于当前大多数权益型众筹项目的预售营销。目前来讲这种模式相对小众,在二手车众筹中所占份额较小,整体规模并不是很大。

(2) 买卖差价型。

买卖差价型是二手车众筹的主流模式,是指通过本身渠道收集低于市场价格的优质二手车并将其发布到平台上,通过投资者众筹资金,然后购买该车辆,将其售出赚取差价,最后与投资者进行分红。这种盈利模式背后的资产不再是类似于 P2P 的债权,而是车辆物权收益,收益的来源也不再是利息,而是分红,用户不仅仅是投资者,而是成为合伙人。

如图 5-38,其主要过程为:

①车商获得车源信息,选择具有一定利润空间的二手车在网站发起众筹。平台通过评估团队评估审核,根据市场行情向车商给出众筹价格,车商同意该众筹价格,双方签订合同,平台在网站挂出该车众筹标的吸引投资者投资。

②如果在规定期限内成功募集到目标金额即众筹成功,平台和车商进行协商,把车辆过户在平台代理人名下,平台把众筹款项付给车商;如果没有募集到目标金额,其认筹金额将退回到投资者的个人账户,不产生任何收益。

③众筹成功的车辆委托车商寄卖,若在最长持有期到期前找到意向买家给出购买价格,投资者投票表决是否出售,超过 51% 同意即出售(投资者不投票默认为赞成票),并办理相关手续。

④手续完成之后资金到账,平台方收取一定数额的佣金及扣除相关手续费用后对投资者进行回款,投资者获得本金和利润,其利润按照投资者出资比例进行分配。如果超过投资期限,车辆仍未变现收益,平台或车商将采取溢价回购,保障投资者的资产安全。

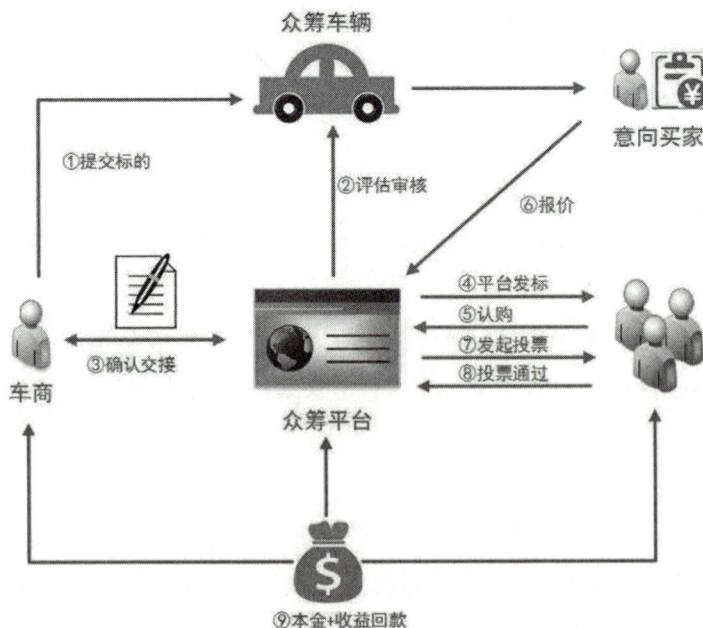

图 5-38　二手车众筹模式图(买卖差价型)

（3）以租代购型。

以租代购是二手车众筹的创新模式，其主要流程如下：

①租赁商向平台提供目标二手车租购信息，发标之前已经确认承租人。平台通过评估团队评估审核，根据市场行情向租赁商给出众筹价格（承租人 36 个月或 24 个月或 12 个月总还款金额），分一期或多期众筹，租赁商同意该众筹价格，双方签订合同，平台在网站挂出该车众筹标的吸引投资者投资。

②在众筹期间标满，平台和租赁商进行协商，租赁商把车过户在平台代理人名下，平台把众筹款项付给租赁商。

③承租人按期每月交付租金，租赁商回款给平台，平台抽取一定比例的服务费后将剩下的钱以等额本金还款方式发放给各投资者。

④在客户的租约期间内，因承租人违约而产生的其他违约收益，平台经过核实后，根据实际产生的利润，租赁商和投资者按不同时间和比例一起分享收益。

⑤到期过户车辆至承租人名下，完成整个业务。

3）汽车众筹盈利模式

（1）交易手续费。

目前主流众筹平台的主要盈利来源在于收取交易撮合费用（即交易手续费），一般按照筹资金额的特定比例来收取。不过由于行业相对还很年轻，目前还未形成较统一的指标线。而更主流的模式，是平台与车商捆绑，按比例与投资者利润分红。

（2）流量导入与营销费。

在权益众筹中我们可以看到营销所产生的巨大的传播影响，而在汽车众筹中，营销和生产合作所带来的商业利润预计也会有很大的增长空间，甚至可能会超过目前主要的交易提成。汽车众筹平台以车辆为主要流通商品。巨大的流量导入，对于车辆生产商来说是一个无法忽视的营销运作领域。

（3）会员费。

目前这种收费模式还不常见，一般存在于个别股权型众筹平台。现在国内主流的汽车众筹平台，会员注册、充值均为免费。但在物权众筹领域垂直度加深的背景下，行业壁垒逐渐形成，未来这种盈利模式值得平台参考。

4）汽车众筹数据分析

据不完全统计，截至 2018 年年底，共上线过汽车众筹平台 238 家，其中仍在运营的有 22 家,其余平台均已下线或转型。

2018 年汽车众筹行业共上线项目 33 303 个,其中共有 33 262 个项目众筹成功 (包括出售中、已回款、溢价回购三种状态),成功项目已筹金额共计约 57.80 亿元。

(1) 从地域分布看,山东平台独占半壁江山。

据统计,238 家汽车众筹平台分布在全国 22 个省级行政区。平台数量最多的是 山东,共有 106 家,占比 44.96%;其次是浙江,有 20 家,占比 8.40%;然后是上海,有 19 家,占比 7.98%(见图 5 - 39)。各地区下线或转型平台数较多,多数地区下线转型 平台占该地区汽车众筹平台总数比例超过 57%,其中山东省下线或转型平台多达 103 家。安徽、湖南、福建、黑龙江等地汽车众筹平台全部下线。

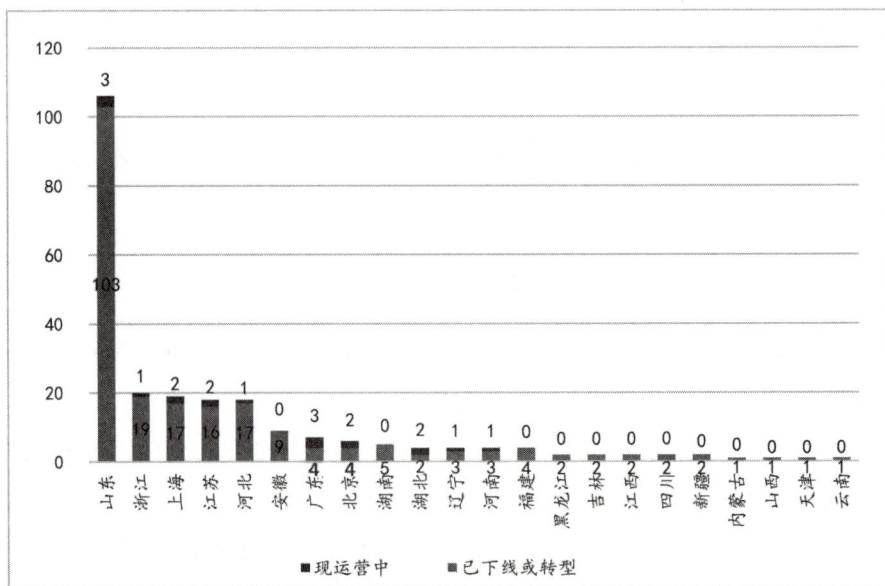

图 5 - 39　2018 年中国汽车众筹平台地域分布

(2) 从认筹状态看,显示失败的项目很少。

对 33 303 个项目的认筹状态进行统计,绝大部分是显示已回款或已结束的项 目,共有 33 262 个,占比 99.88%。显示已失败或溢价回购的项目较少,合计 41 个, 仅占比 0.12%,见图 5 - 40。部分平台网站只显示众筹结束或项目结束,据线下抽样 调查,显示众筹结束或项目结束的项目即成功项目。

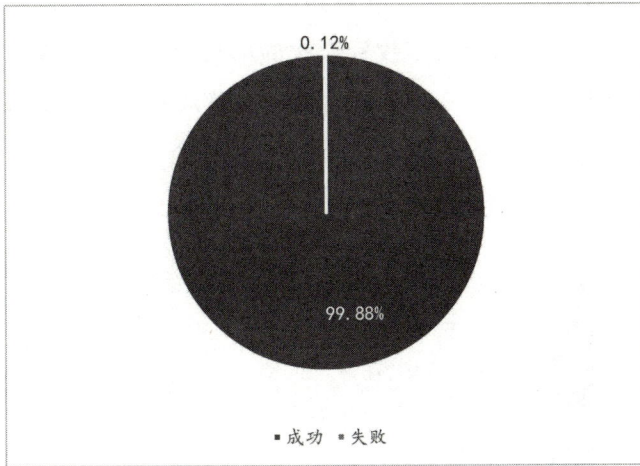

图 5 - 40 **2018 年汽车众筹项目成功与失败项目数比较**

(3) 从筹资金额看,中低端车项目较多。

根据所有项目的实际融资额得出筹资金额各区间内的项目数分布情况,如图 5 - 41。33 303 个汽车众筹项目中,筹资金额在区间(0,10](单位:万元)内的项目最多,共 13 625 个,占比 40.91%,其次是区间(10,20]内的项目,共 10 302 个,占比 30.93%。从数据集中趋势来看,业务以中低端车辆为主。

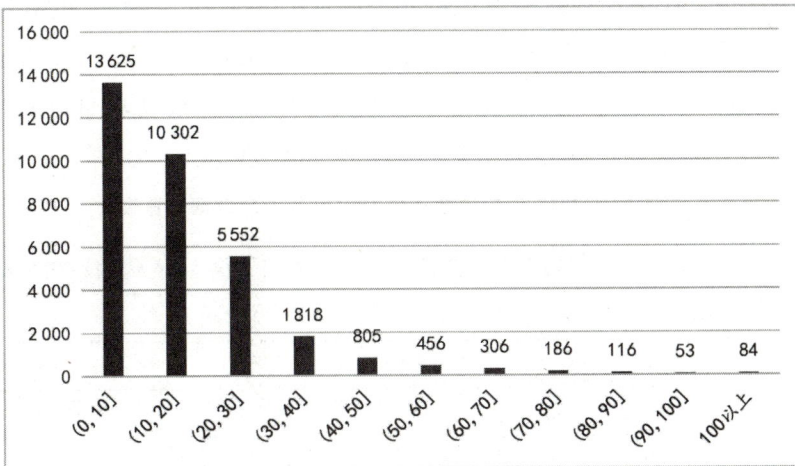

图 5 - 41 **2018 年汽车众筹项目实际融资额各区间内项目数分布(区间单位:万元)**

（4）从投资人次看，10 人次以下项目数最多。

在全部成功项目中筛选出公布投资人次的项目，共计 18 903 个，不同投资人次区间内的项目数分布如图 5-42 所示。大部分汽车众筹项目投资人次集中在 10 人次以内，共 13 960 个，50 人次以上的项目仅有 1 376 个。

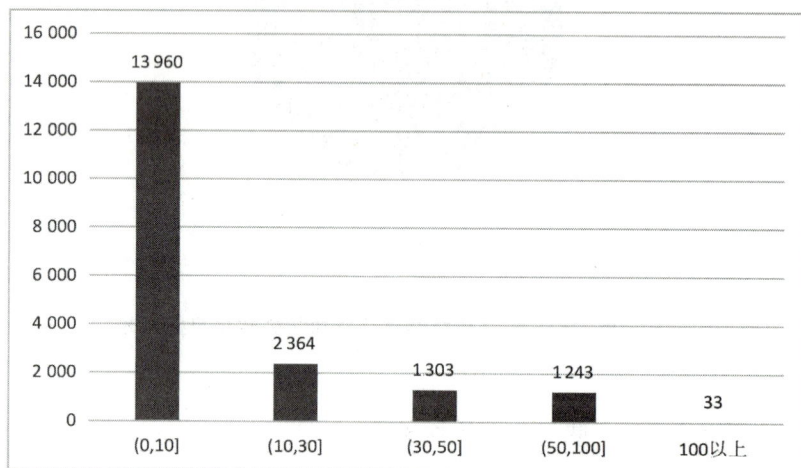

图 5-42　2018 年汽车众筹项目投资人次各区间内项目数分布

（5）从筹资金额看，少量平台完成大量融资。

汽车众筹成功项目已筹金额前十名的平台为智仁科、维 C 物权、迅销众筹、八点网、中 e 众筹、德汇众筹、中国众投、遇车金融、魔方车和米粒众筹。十家平台成功项目数合计 33 262 个，占全部平台成功项目数的 99.88%。成功项目已筹金额共计 57.80 亿元，占全部平台成功项目已筹金额的 99.98%（见表 5-6）。

表 5-6　2018 年汽车众筹项目前十名平台数据一览表

平台名称	成功项目数	成功项目融资额（万元）	投资人次	人均投资额（万元/人）
智仁科	13 013	216 620	80 362	2.7
维 C 物权	11 089	192 649.1	/	/
迅销众筹	1 192	53 411	55 941	0.95
八点网	3 263	40 531.5	/	/
中 e 众筹	1 500	14 169.8	76 609	0.18
德汇众筹	617	13 381.99	5 046	2.65

平台名称	成功项目数	成功项目融资额（万元）	投资人次	人均投资额（万元/人）
中国众投	24	9 116.6	492	18.53
遇车金融	288	6 550.9	47 031	1.39
魔方车	600	6 097.9	3 281	1.86
米粒众筹	274	5 717.24	5 717	1

注：本表统计的是各平台的汽车众筹成功项目数据，并非平台总体数据。

从表 5-6 可以看出，智仁科、维 C 物权 2 家平台成功项目融资额突破 15 亿元大关。其中，智仁科的成功项目融资金额最高，达约 21.66 亿元；且投资人次也最多，达约 8.04 万人次；同时其成功项目数最多，为 13 013 个。紧随其后的维 C 物权，在融资额和项目数上表现亦不俗，但其未公布确切的投资人次，信息披露水平有待提高。其余几大平台虽然业务量不如智仁科和维 C 物权，但总体发展情况良好。

5.5.5　物权众筹平台选择

在互联网金融规范化的发展环境下，具有产权清晰、手续简单、项目资金灵活等优点的新型众筹模式——物权众筹，掀起了中国互联网金融发展的新一波浪潮，打开了行业发展的新思路，逐渐成为业内人士追逐的对象。之所以选择物权众筹来理财，主要就是由于门槛低、周期短、业务风险低等优势，这是一种很受欢迎的理财模式。

但是就像业内专家所预料的那样，一个火爆的新兴领域出现，定会产生跟风效应，某些不法分子换个皮囊，打着新幌子乘虚而入的情况在所难免，还有众筹领域存在的监管漏洞。那么在鱼龙混杂的互联网金融市场，到底什么样的物权众筹平台才是靠谱的？该如何选择物权众筹平台？

1）看平台资质和平台实力

正规的互联网金融众筹平台最基本的资质应该包含营业执照、税务登记组织、机构代码等企业法人资质。这些在工商、税务部门相关网站都能查询到公开的信息，正规的众筹网站也会在官网上进行公布。同时，汽车众筹平台必须拥有雄厚的资产源，平台的信息必须足够透明。资产源的多少，表明了平台的实力，而信息透明是平台健康发展的必要保障。

2）看网站结构和用户体验度

平台官网结构清晰，功能强大，用户体验度高，将用户所需的信息按类别划分栏目和列表，进行合理排版，投资者进入平台，对平台的业务就一目了然，这也反映出了平台的实力和能力，每一步都由专门的技术人员配合完成，想用户之所想，做用户之所需。

3）看平台信息的全面度和透明度

成熟的众筹平台，应该将风险和利益同时告知投资者，投资者有自己的分辨能力，平台需要做的只是将项目风险最小化，将项目利益最大化，由投资者自己来考虑，这样才是真正的信息全面，而不是一味地展现好的方面，绝口不提风险。

优质的众筹平台，一要看项目，过往成功的项目、筹款中的项目以及预热的项目等。二要看整个融资流程，资金的管理，投资后的管理等，这些在网站上都清晰可见，投资者可以清楚地判断平台的运营情况，这才是优质的众筹平台。信息全面，透明公开，风控扎实，才是投资者值得投资的众筹平台。

5.5.6 物权众筹发展趋势

1）从筹集资金转变为筹集资源

未来整个行业的模式可能慢慢地会从一种单纯地给资产端配资的模式转变为资源的交换，回归物权众筹的本质。以汽车众筹来说，二手车车商最需要的可能不是资金，反而是车辆获取渠道。这个问题有望通过众筹解决，因为有些众筹平台手里有资源，甚至有的投资者是做二手车的，他还有别的车商资源。通过众筹资金的往来建立起一种纽带关系，把行业内二手车商的资源、各方面的资源结合在一起建成一种网络，实现资源共享，把筹资的比例弱化，增强资源交换的功能。

2）物权众筹产品仍需丰富

目前物权众筹涉及汽车领域更多一些，在房产众筹、不良资产的众筹、航天和医疗器械众筹、酒类众筹、海鲜众筹、农产品众筹等方面也有所涉及，不过多数还比较小众，市场规模不大。

物权众筹的范围应该更加广泛。有很多经营人们日常生活中的必需品的创业者，他们大多是中小型企业、单位，而他们所面临的一个问题就是融资困难。从这个角度来看，众筹其实是非常好的融资途径。平台应当不断创新，不断丰富产品，让物权众筹走得更远。

3）项目信息披露需要加强

物权众筹项目信息披露方面还有较大的提升空间。信息披露应遵循以主动公开所有项目相关信息为普遍适用,以法律法规和规范性文件明确不予公开为例外的原则。当然,信息披露在一定程度上可能与项目方的利益相冲突,找寻化解冲突的途径和切实履行众筹项目信息主动披露义务,是众筹平台及监管部门的重点工作。

5.6　公益众筹发展现状

5.6.1　发展现状

众筹模式兴起之后,从商业圈快速向公益圈延伸。不管是个人、企业或是社会组织等团体,都可以在平台上申请,将项目具体展示在互联网众筹平台,通过公开众筹集资来完成项目目标的“公益众筹”随之出现。公益众筹在国外发展迅速,知名的众筹平台除了开展权益型众筹、互联网非公开股权融资等项目外,也都开始涉足公益众筹,诸如扶贫救灾、疾病救助、环境保护等公益项目,甚至出现专注于公益众筹的平台。国外众筹平台 IndieGoGo 初期专注于电影类项目,而如今已经发展为接受各类创新项目的众筹平台,2015 年推出公益群募平台 Generosity。Crowdrise 专注于为第三方机构举办的慈善募捐项目提供在线筹资服务,并从每笔汇款中抽取 3%～5%的费用。GoFundMe 是一个为个人需求、个人活动或是个人目标提供众筹募资服务的平台。它的服务范围十分广泛,例如为患病的亲友募捐,为一场体面的葬礼募捐,为社区的橄榄球队募捐,或是为一场旅行募捐。近年来,国内也有许多涉足公益众筹的平台,有的是专注于公益的众筹平台,如京东众筹、众筹网等;同样还出现了专注于公益众筹的平台,如腾讯乐捐、易宝公益圈亲青筹。国内的公益众筹项目也开始多样化,除了大病救助,还有绿色环保、特殊教育、扶贫农产品等。

公益众筹作为网络捐赠一个较好的表现形式,通过互联网传播,包括微信、微博等社交软件推广转发,对于日渐成为捐赠主体的 80 后和 90 后具有强吸引力。他们每日与互联网接触时间较长,线上通过新媒体献爱心、做公益逐渐成为他们生活中的一部分。另外,众筹本身具有的社交属性又可以吸引更广泛的社会群体参与公益活动中,这种市场化的公益运作更加阳光、透明,打破了传统公益在时间和空间上的限制,使项目全程处于推广状态,通过人际间的分享、互动能够产生更大的主动传播效果,可以最大限度地体现开放式众筹的优势。

随着互联网的高速发展和智能手机的广泛使用,一个捐款箱和一个扩音器所代表的公益活动已无法赶上时代的潮流,而公益众筹因为具有低门槛、高透明度、项目多样化等诸多优点,必将使传统的公益活动、公益事业运行机制发生巨大变革。公益众筹主要包括发起方、众筹平台、出资方这三个要素,为了使公益众筹能够健康发展,应该从这三个内部要素和整个运作流程入手,集合众筹平台、有关政府部门、大众传媒、社会团体和学术界的力量,通过不断地机制创新、体制创新和理论创新,发现目前公益众筹存在的困难和问题以及给出破解方法。

5.6.2 公益众筹数据分析

公益平台的项目存在大量的未满额平台却公示为已完成的情况。如果按照平台的公示进行统计,公益项目仅有 27 个是未成功的。因此我们按照项目是否达到目标金额又划分了未满额、满额、超额三类,为了与其他类型项目比较,未满额的项目也算在未成功的项目内。本节统计的公益众筹项目主要依据公益型平台项目和其他类型平台下细分公益类型的项目;成功项目标准方面,统一将满额或者超额的项目认定为成功项目,如果数据不全则以平台认定为成功为准。

截至 2018 年年底,全国正常运营且仍有众筹项目上线的平台有 12 家,其中纯公益平台有 6 家,分别为惠州慈善、火堆公益、易宝公益圈、轻松筹、亲青筹和腾讯乐捐,另 6 家平台为权益型或综合型平台,包括京东众筹、摩点网、淘宝众筹、天涯众筹、微打赏和众筹网。

在 2018 年全年共有 17 832 个公益型众筹项目,其中成功项目有 1 591 个,占比仅 8.9%;项目的实际融资额达 11.01 亿元,成功项目实际融资额为 1.77 亿元,占比为 16.08%;项目的总支持人数为 4 810.11 万人次,成功项目的支持人次为 552.87 万,占比为 11.49%。

1) 公益型平台基本数据

2018 年全年的 17 832 个公益型众筹项目中,如图 5-43 所示,已成功项目为 1 591 个,其中有 825 个成功项目是在腾讯乐捐平台完成的;项目金额未满额的为 16 214 个,高达 90.93%。

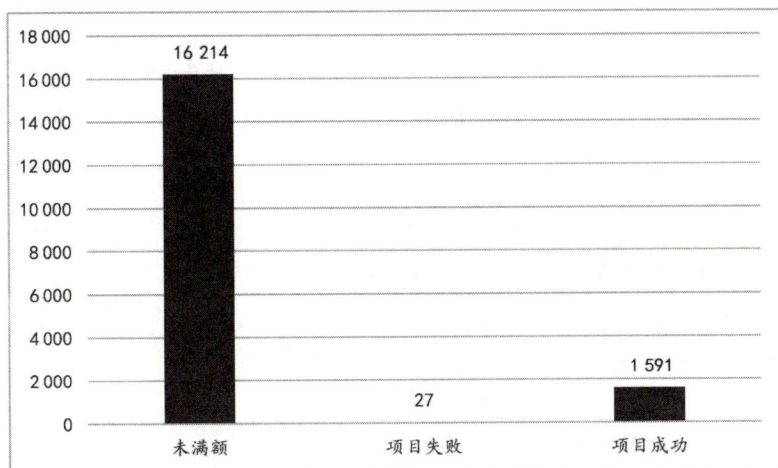

图 5 - 43　2018 年公益众筹项目不同状态分布

分别统计 12 个平台的项目金额未满额占各自公益总项目的比例,如图 5 - 44 所示,仅京东众筹、淘宝众筹和众筹网的未满额比率低于 50%。一方面,这三个平台都是非纯公益平台,且公益项目相对较少,没有代表性;另一方面,涉及的三个平台中上线的公益型项目分类后,多为教育、环保、扶贫等方面,与腾讯乐捐、轻松筹中的大病捐助的项目类型不同。

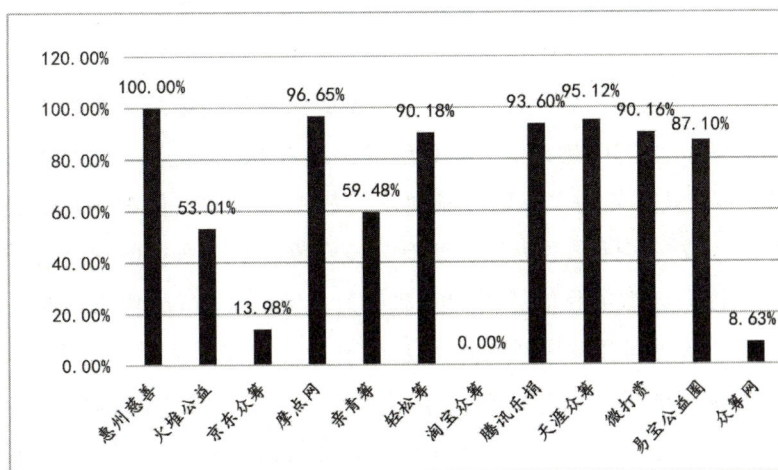

图 5 - 44　2018 年公益众筹未满额项目情况分布

2）公益型平台 2018 年的市场规模占比

截至 2018 年年底,共有公益型众筹项目 51 716 个,其中 2018 年有 17 832 个,占所有公益项目的 35%。值得一提的是,2018 年公益项目中腾讯乐捐共有 13 310 个,占 2018 年所有公益项目的 74.64%。如图 5-45 所示,公益项目数量分布较均匀,且 2018 年的公益众筹项目数达到了近几年的最高,我国公益项目越来越受到关注。将公益项目数与成功项目数作对比,发现 2018 年的成功项目数占比仅 5%,其成功项目数是往年中成功项目数量的最低值,成功率仅 8.9%,远远低于我国公益项目的众筹成功率的平均值 61.38%。

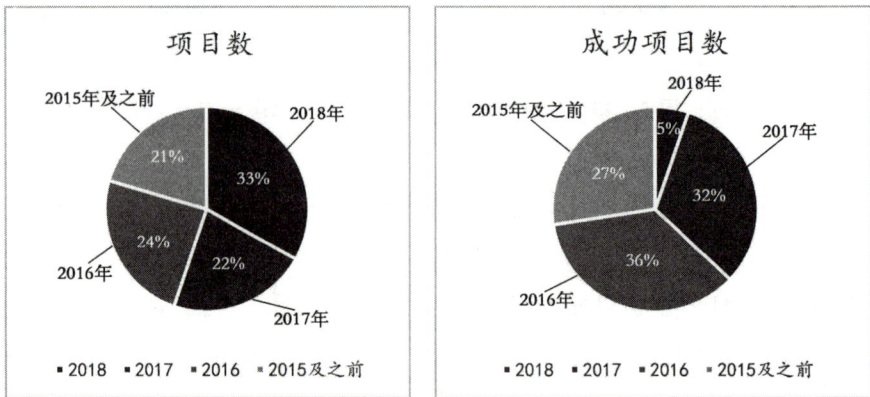

图 5-45 历年公益型众筹项目数、成功项目数占比

截至 2018 年年底,在各平台发布的公益型成功项目实际总融资额约为 29.18 亿元,具体见图 5-46,其中 2018 年实际总融资额约为 11.01 亿元,占比 38%。从项目数来看,2018 年公益众筹的实际融资额同项目数占总数的比例都是最高的,即 2018 年公益众筹项目数与实际总融资额在所有公益众筹项目中所占的比例几乎一致。

2018 年我国公益型项目的总捐款人数约为 4 810.11 万,成功项目的支持人数约 552.87 万人次。从时间维度比较我国公益型项目的总支持人数(见图 5-47),发现 2016 年对公益项目的支持人数最多,占总人次 61%;2015 年及之前的公益型项目的支持人数相当少,约占总体的 1%;2018 年的支持人次占总体的 29%,尽管不如 2016 年的数据辉煌,但是从趋势看公益型众筹情况逐渐好转并趋于稳定。

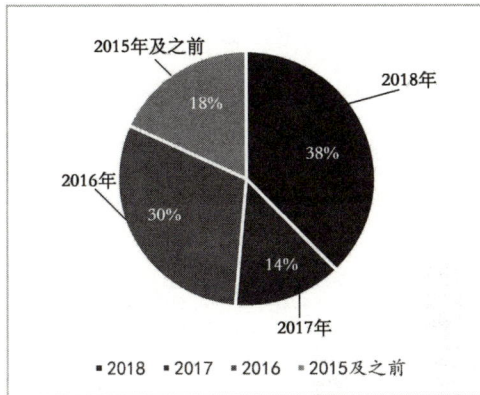

图 5-46　历年公益型众筹融资额占比

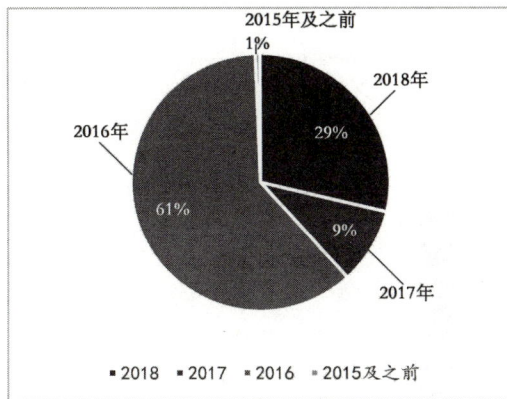

图 5-47　历年公益型众筹投资人次占比

3）公益型众筹项目各指标区间分布

图 5-48、图 5-49 分别显示了 17 832 个公益型项目和 1 591 个成功项目的已筹金额在不同区间内的项目数分布。可以发现已筹金额在区间 1 万元以内的项目数最多，共计 10 673 个，占比 59.85%，可以看出一般公益众筹项目的融资金额不大，超过一半的项目已筹金额都在 1 万元以内。随着已筹金额区间右移，项目数逐渐减少。另外，已筹金额超过 50 万元的项目共计 392 个，说明公益众筹项目中也有不少融资额度很大的项目，甚至有的项目达到了千万级。对比公益型总项目与成功项目的实际融资分布，两者大体一致，可见 2018 年公益型项目实际融资的分布规律较为可靠。

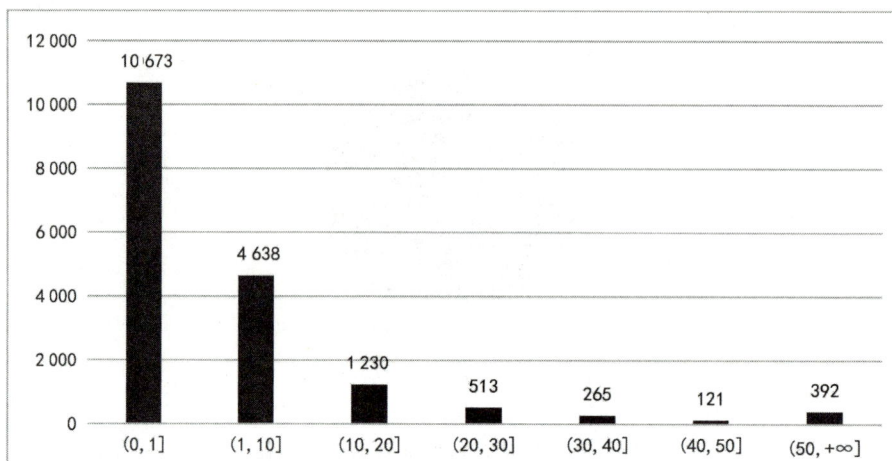

图 5‐48　2018 年公益型项目实际融资额区间分布（区间单位：万元）

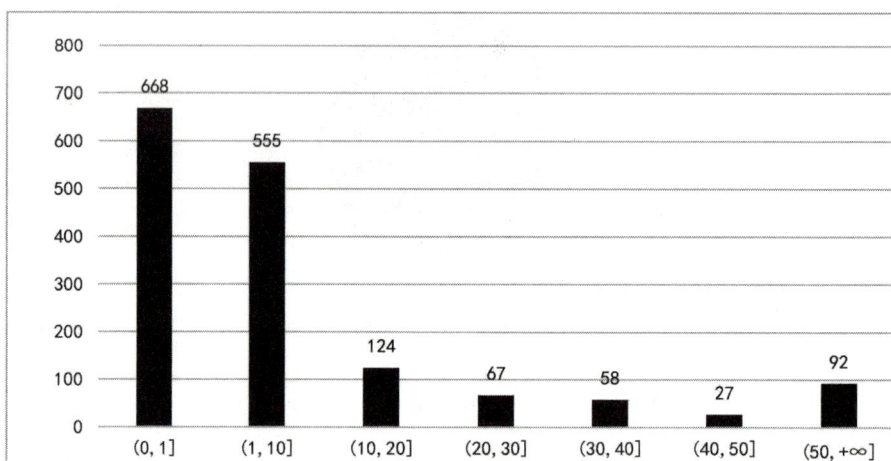

图 5‐49　2018 年公益型成功项目实际融资额区间分布（区间单位：万元）

　　图 5‐50 显示了 17 832 个公益型项目支持人次在不同区间内的项目数分布，可以发现支持人次在 1 000 以内的项目数最多，为 12 901 个，约占 72.35%；其余区间的支持人次都较低，支持人次超过 100 000 的公益众筹项目数为 41 个，约占 0.23%。图 5‐51 显示了 1 591 个公益型成功项目支持人次在不同区间内的项目数分布，项目数最多的区间同样是 1 000 以内的支持人次，占所有成功项目比例约为 71.84%；支持人数达到 100 000 以上的成功项目有 4 个，约占成功项目 0.25%。综合公益型的全

部已筹项目和成功项目的支持人次分布,两者在不同人次分布的项目数占比大体一致,可见该图较为可靠地反映了我国 2018 年公益型项目中支持人次的分布情况。

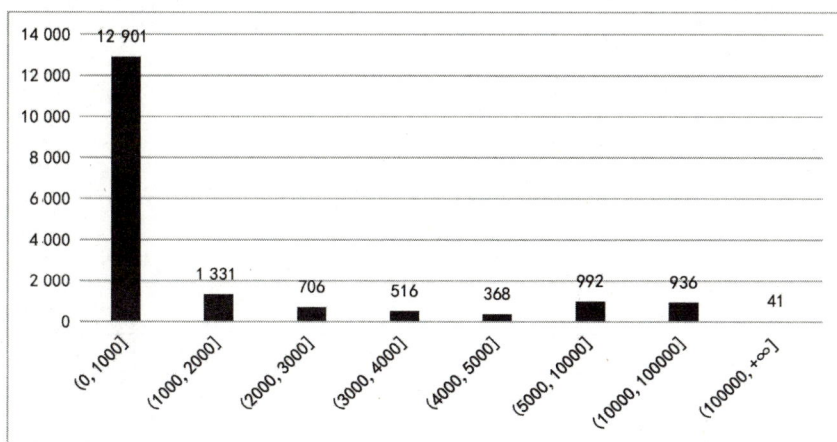

图 5 - 50 2018 年公益型项目支持人次区间分布

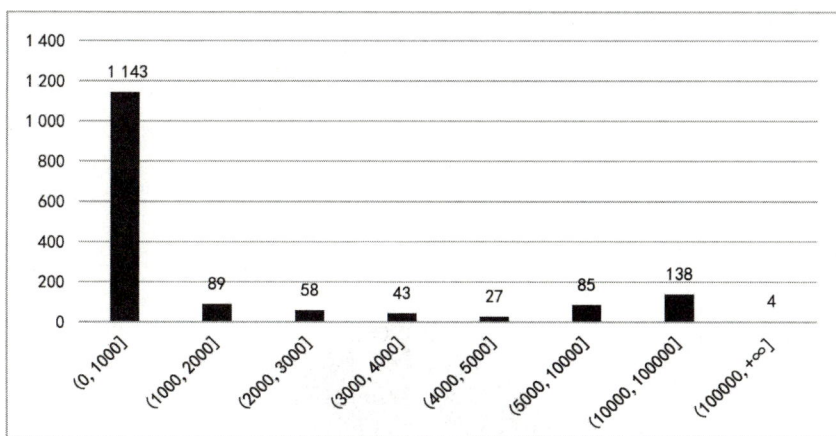

图 5 - 51 2018 年公益型成功项目支持人次区间分布

4)权益众筹融资规模分布

据不完全统计,2018 年全年中国公益众筹市场融资规模达到 11.01 亿元,对各个平台权益型成功项目融资总额进行统计(腾讯乐捐除外),2018 年仍处于运营中且有公益型项目上线的平台如表 5 - 7 所示,各平台融资规模占比如图 5 - 52 所示。

表 5－7　2018 年平台公益型项目融资情况

平台	总项目数	成功项目数	已筹金额（万元）	支持总人数
轻松筹	336	33	5 064.39	2 120 755
亲青筹	348	141	737.87	132 612
京东众筹	93	80	600.72	59 755
火堆公益	249	117	583.13	57 256
微打赏	2 306	227	267.35	42 165
易宝公益圈	31	4	214.91	13 785
众筹网	139	127	207.53	23 608
摩点网	924	31	98.41	16 071
天涯众筹	82	4	30.08	6 591
淘宝众筹	2	2	15.94	4 463
惠州慈善	12	0	6.03	2 766

注 1：本表按各平台公益型项目实际总融资额排序。

注 2：本表统计的是各平台的公益型项目数据，并非平台总体数据。

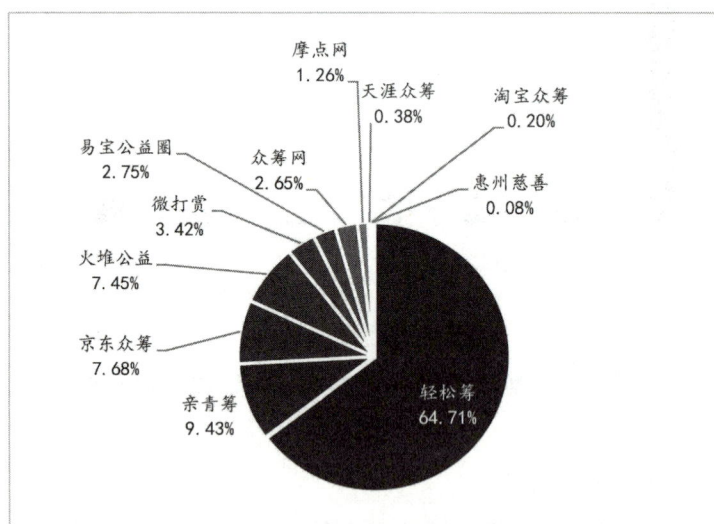

图 5－52　2018 年公益众筹行业融资规模占比图

注：本图统计的是各平台的公益型项目数据，并非平台总体数据。

公益型项目涉及的平台中腾讯乐捐的数量远远大于其他平台,为了比较客观地比较我国 2018 年平台间的公益型项目,腾讯乐捐不参与比较分析。如图 5-52 所示,11 个平台中,实际融资额最高的平台是轻松筹,其次占比较大的有亲青筹、京东众筹、火堆公益。轻松筹的实际融资额高达 5 064.39 万元,融资规模占比为64.71%,支持人数也是 11 个平台中最大的。轻松筹的公益型项目的主题主要集中在大病救助,对比其他 10 个平台特点分明。实际融资额排名第二的亲青筹亦有其优势所在。其一,亲青筹是由政府主办的公益型众筹平台,其中的项目与共青团组织或社会组织直接挂钩,当地共青团等组织负责审核项目真实情况,可靠程度较高;其二,亲青筹主要针对的是青少年群体,平台中上线的项目大多与青少年有关,比如资助大学生、关爱留守儿童,平台的目标群体明确。实际融资额前三名中只有京东众筹是非纯公益平台,分析京东众筹 2018 年的公益型项目,尽管项目数量相比轻松筹、亲青筹较低,但项目成功率高达 86.02%。京东众筹的公益型项目与其他平台的项目不同,主要集中于扶贫公益,其项目几乎都是与农产品相关。综合以上 11 家平台,要使众筹平台的公益型项目拥有较高的关注,发展平台自己的公益项目特色很重要。

5.6.3　典型平台案例解析

"公益+众筹"结合形成了一批主打公益项目的代表性众筹平台,这些平台经过不断地尝试与创新已经渐渐形成了各自不同的公益众筹运营模式。比如易宝公益圈对所有公益机构实行"零费率",所捐资金自动结算至公益机构账户;火堆公益专注于微公益,主要提供的服务除了众筹,还有咨询服务,面向的公益型众筹范围主要在教育方面。截至 2018 年,民政部指定的互联网公开募捐信息平台已达到 20 家,其中包括了腾讯公益和轻松公益。下面通过介绍政府主办的亲青筹和腾讯公益下的众筹平台轻松筹两个具有代表性的公益众筹平台来了解目前我国公益众筹的发展模式。

1) 亲青筹

(1) 平台概况。

亲青筹是由共青团浙江省委、浙江省青少年发展基金会、浙江省青年企业家协会共同发起设立,通过互联网技术进行爱心众筹,促进青少年成长成才,推进社会建设发展。该平台是共青团浙江省委官方主办的公益众筹平台,亦是我国众筹平台中发展较好的纯公益平台。与其他众筹平台不同的是,亲青筹中的众筹项目发起者不是个人,而是共青团、志愿者协会等相关组织。该平台主要的项目发起者是浙江省共青团等组织,但公益项目涉及地域并不仅限于浙江省,对众筹项目的分类主要按地区、众筹状态和领域。领域指的是众筹项目的用途所在的领域,主要分为助困、助学、助业和助医。自成立以来,截至 2019 年 11 月 24 日,亲青筹已累计发布 925 个项目,共筹集 34 465 583.75 元,累计支持达 574 525 人次。

同其他众筹平台一样,亲青筹的项目发起需要个人进行申报,经过审核,平台发布众筹项目,并设有反馈项目进度的机制,项目流程如图 5 - 53 所示。由于亲青筹的发起者为社会组织或团组织,相关机构需要进行注册;个人在亲青筹平台一般是捐款人或是求助人,通过微信即可登录。个人若想要在亲青筹中申请众筹项目,需要提供身份证、银行卡和家庭住址等详细的个人信息和求助证明(如贫困证明、大病证明),并选择当地的团委等组织审核,最后项目才能通过相应组织在平台上发起众筹。项目上线后,捐款将统一进入浙江省青基会账户,捐赠者可通过微信及时收到项目关键节点的反馈信息,如筹款成功、款项送达和项目完结。

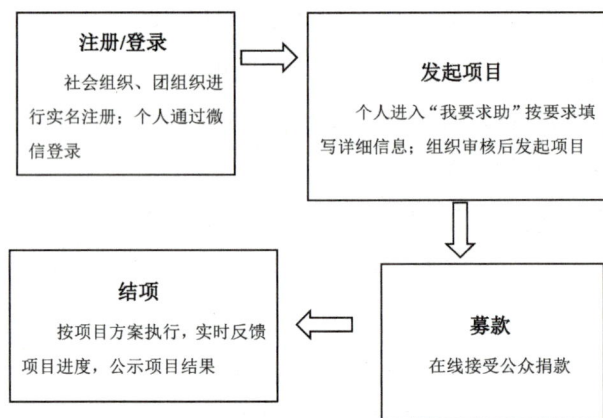

图 5 - 53　亲青筹项目发起流程图

(2)典型项目。

项目一

项目名称:花儿一般的年纪,却突发重病,救救年轻的生命!

目标融资额:300 000.00 元

实际融资额:146 440.00 元

支持人数:5 406 人

项目发起人:中国计量大学团委

项目详情:求助人名叫王晨,21 岁,就读于中国计量大学(人文与外语学院 15 公关 1 班),大四。2018 年 10 月,王晨突然感觉不适(咳嗽不止、吃不下饭),就近去医院检查,初步诊断为肿瘤,后转院至中国医科大学附属第一医院检查,确认为淋巴癌(恶性肿瘤),马上就住院手术治疗。

项目反馈:反馈信息显示的是微心愿的捐款结果,未反馈该项目的情况,反馈信息不对应。

项目二

项目名称:兴兰公益 走进汶川——爱的红围巾暖冬行动

目标融资额:100 000.00 元

实际融资额:61 392.75 元

支持人数:775 人

项目发起人:中国共产主义青年团兰溪市委员会

项目详情:通过爱心众筹的方式,筹集公益资金,为 1 250 名汶川山区的孩子购买温暖厚实的防风红围巾,帮助他们度过寒冬。

项目反馈:反馈信息显示的是"特别的爱给特别的你"的众筹项目的众筹结果,未反馈该项目的情况,反馈信息不对应。

亲青筹平台官网中的反馈信息一栏,依据项目发布的时间降序发布相应的项目的反馈信息,即亲青筹的反馈与项目相对独立,因此出现公益项目的反馈与项目的信息不符的问题。

2)轻松筹

(1)平台概况。

除了腾讯乐捐和亲青筹,轻松筹也是公益众筹的代表性平台。轻松筹所属公司为北京轻松筹网络科技有限公司,成立于 2014 年 9 月,同年上线基于社交圈的众筹工具"轻松筹"产品。轻松筹自成立以来发展形势较好,2018 年 10 月,民政部发布的《2018 互联网公开募捐平台综合实力 TOP20》榜单中,轻松公益跻身全国前三。轻松筹主打"社交众筹"概念,即轻松筹上的众筹项目主要是通过发起人自己的社交圈子进行传播,如微信朋友圈、社群等。目前轻松筹主要拥有三个业务版块,分别是大病救助、轻松互助和轻松 e 保。大病救助依然属于公益型众筹,轻松互助和轻松 e 保通过小钱保障大病,暂不将其纳入公益型众筹的范围内。平台建设与完善上,轻松筹不断改进,成果斐然。项目信息公开方面,所有项目筹款信息、捐款明细、项目进展全部由公益节点进行实地考察和验证并记录,并利用区块链技术保证数据公开透明;项目发起人方面,轻松筹推出失信黑名单公示和求助人信息公示,拒绝黑名单上的人员在该平台发起项目,减少恶意筹款事件;项目类型划分方面,轻松筹将公益型众筹项目分为四大类:扶贫/救灾,疾病/健康,教育/社区以及环保/其他。

(2)典型项目。

项目一

项目名称:慈善募捐丨云南泥石流灾害,救在壹线丨轻松公益

目标融资额:600 000.00 元

实际融资额:191 723.00 元

支持人数:6 984 人

项目发起人:深圳壹基金公益基金会

项目详情:2018 年 8 月 31 日至 9 月 2 日,文山州出现中到大雨局部暴雨、大暴雨,尤其是 9 月 2 日 0 时至 6 时,麻栗坡县猛硐乡累计降雨量达到 199.0 毫米,引发洪涝灾害。壹基金在轻松公益平台发起本次筹款,所筹资金将用于当地救灾、物资发放、灾后安置等工作。

项目反馈:实时反馈项目的进度,反馈信息表明壹基金多次为灾区发放物资。

项目二

项目名称:慈善募捐丨先天性心脏病患儿救助——许倩倩丨轻松公益

目标融资额:30 000.00 元

实际融资额:20 819.00 元

支持人数:1 546 人

项目发起人:中国华侨公益基金会

项目详情:病童爷爷年老多病,每年医药费约近 6 000 元,病童父母以耕地为主,地里不忙了就在县里工厂打零工维持生活。刚凑够给许倩倩做心脏手术的费用,准备给孩子做手术。可是病童爷爷被检查出肝癌,做了三次手术,共花费 15 万元左右,从亲戚那里借了十多万元,爷爷的病刚稳定下来,许倩倩 12 月份又突然发病,到医院检查,医生说倩倩必须尽早手术,不能再等了。经诊断,许倩倩患有先天性心脏病:动脉导管未闭、肺动脉高压。治疗费用预计为 5.5 万元。

项目反馈:无项目进展信息反馈。

第6章 中国众筹发展的趋势

经过这几年众筹行业的学者和从业者的不断探索和实践,人们对于众筹本质的认识越来越清晰。众筹是非特定公众共同筹集资金,投入某一项目,并享受相应权益的过程,其中用于筹资的标的项目应该要有明确的筹资用途和运营目标,确定的开始时间和预期结束时间,并且事先约定可量度的结束条件,而对于所享受权益的形式可以是多种多样的,但是对于众筹群体最具可操作性的是收益权和使用权。

众筹是社会传统中早已形成惯例的集资、标会等形式在新时代下的互联网化表达,社会传统中的众筹由于启动容易、募资快速、收益丰厚、风险易控受到筹资人和投资人的广泛欢迎,因此众筹活动的需求是根植在人们的日常生活的协作当中的,这也是众筹行业得以继续前进的生命力所在。

随着数字经济的发展,技术对于个人和企业的赋能正在重塑人类的协作方式,并把人们带入数字世界,特别是近几年涌现出了一批新技术,如大数据、人工智能、区块链、物联网、虚拟现实/现实增强、5G等将是未来人类构建数字世界的基石,大数据技术已经变革了生产资料,把数据特别是多维度全样本的数据变成了重要的生产要素,人工智能将会变革生产力,更进一步发展将会改变社会伦理,区块链作为基础的价值互联网将变革生产关系,更重要的是变革分配关系,虚拟现实/现实增强技术将极大地改善数字产品的用户体验,增加人们在数字世界中的沉浸时间,物联网将网络的边界拓展到全部的实体,而5G带来的高吞吐低时延网络将是必不可少的信息传输管道。基于对众筹本质的重新认识和与新技术的结合将推动众筹行业上升到一个新的发展高度。

6.1 股权众筹的模式有可能转化成新的模式

股权众筹作为众筹行业的一种模式,除了法律认定上的困难,实际上真正的问题在于它与众筹的本质并不相符,股权众筹的标的物是一个公司的股权,一方面公司是一个预期会持续运营的组织,除非破产清算,没有明确的结束时间和结束条件。

另一方面股权所代表的权益包括了所有权、经营决策权和分红权等众多权益,而这些权益的行使需要大量的运营数据作为支撑,并需要相对专业的知识累积为背景。运营数据的收集和发布是一件耗费人力物力投入的事情,即使不考虑数据的准备度可能造成的欺诈风险,光是参与众筹的非特定公众由于背景的差异和参与程度往往难于在规定的时间里达成共识,导致这些权利无法行使,或者行使权利的成本过高、周期过长,哪怕是看似比较容易的分红权,分红方案的共识都很难达成。

实际上股权众筹的上述问题在这几年的实践当中不断暴露,相关从业者也在积极探索新的模式,可以预见的是一部分股权众筹会转成股权私募,把募资对象从非特定公众变成有一定投资经验和资金门槛的特定群体,另一部分股权众筹会把股权的其他权益剥离,明确定义出单次众筹的资金用途和收益条款,实际上变成了企业债权的认购或者企业某一个新产品研发的筹资,即产品众筹。还有一部分坚持股权众筹模式的公司可能会转变成为大企业提供内部的股权认证平台和方案提供商。

6.2 区块链的结合,产生去中心化和基于使用权众筹模式

区块链是一种管控上去中心化的分布式账本技术,融合了密码学、共识机制、预言机制和智能合约,可以为上层应用提供一个去信任的底层基础计算平台。区块链技术的特点非常适合与众筹的业务场景相结合,下面是两者从逻辑上可能的结合点。

6.2.1 去中心化众筹

目前众筹活动的发起大多数时候都依赖于某一个企业,而该企业期望通过组织发起众筹活动中给双方提供的服务来获得经营收益,类似于房产销售中介的商业模式。但是不同点在于,筹资的标的物在筹资阶段只是一个构想和对于该构想的承诺,而不是一个像房产一样的实物。由于各方的信息不对称,中介方或者中介方的某个业务人员往往有动力和足够的空间去包装项目,甚至与项目方合谋以达成筹资交易,最终导致投资人受损。

如果把发起众筹项目放在一个基于区块链技术的公链或者有多个共识节点参与的联盟链上进行,把事先约定的筹资和分配条款通过智能合约编码出来,放在链上等待条件触发,由于区块链平台上的数据和合约程序具有难以篡改的特性,由共识机制保证没有任何的单一参与方可以修改事先确定的规则,而所有的数据对于参与方是透明的、可追溯的,人们可以不依赖于某一个企业,而是基于对区块链加密算

法和共识机制的信任就能完成募资和分红等相关活动,有效地避免中心化企业带来的风险。目前已经有一些项目在尝试使用区块链平台来做众筹,如 weifund.io 就是基于以太坊(ETH)来做的。

6.2.2　基于使用权的筹资模式

基于区块链公链发行 Token(在计算机技术相关文献中译为"令牌",在区块链领域通常译为"通证""代币",本文取"通证"之意,即可流通的凭证)来向非特定公众募集流动性较好的数字货币(一般是 BTC、ETH 等)的形式即是 2017 年 9 月 4 日被央行等 7 部委联合叫停的 ICO(Initial Coin Offering,即代币首次公开发行),9 月 4 日之前的 ICO 由于无章可循、无监管等原因,中间出现了大量的虚假宣传、"空气币""代投跑路"等涉嫌违法的行为,从保护普通投资人利益出发叫停和清退 ICO 是非常正确的。虽然 ICO 被叫停了,但是作为出售通证使用权来募集资金的方式具有一定的开创意义,可以预见在相关法律法规健全、流程合规并做好 KYC 和 AML 之后,会有大量的基于使用权的众筹项目出现。

通证的引入可以有效地解决众筹活动中不同参与方的协作问题,明确各方的责权关系。众筹活动中投资人通过出资换取权益,而且预期这个权益在未来可以带来收益或者效用。传统众筹模式下,投资人拿到的权益的表现形式只是一份纸质的或者电子版的协议,如果在协议之后预期和意愿发生了变化需要解除和变更协议成本较高,有时甚至变成不可行,这会导致很多众筹投资就是一锤子买卖,一旦投资人投出去了只能听天由命。如果众筹之后投资人除了协议同时还拿到基于区块链平台发行的跟协议相同份额的通证,那么从拿到通证的那个时间起,所有投资人都可以基于自己对于项目进展情况的判断出售或增持项目的通证。所有交易本身的安全问题由区块链保证、交易过程由区块链记录,在项目结束的时候项目方按协议条款收回通证,完成整个项目的闭环。而通证作为可流通的凭证,这个凭证可以是任何的可明确指定的权益,通常一种权益对应一个通证。如果众筹出让了多个权益,则可以发行多个通证与之对应,各通证都可以单独交易,且通证的份额可无限制的拆分,极大地增加了流动性。更重要的是,光是让投资者达成协议是没有用的,项目方有动力和责任靠真实的项目进展来维持好通证的价值,而诚实可信能力强的项目方会吸引更多的投资人支持,真正促成参与方之间的良性互动。

6.3 物联网的应用，有望解决产品众筹溯源问题

产品众筹的难点在于产品设计与生产过程执行的可追踪性，农业物联网和工业物联网的发展解决了过程数据的采集问题。可以在投资完成到产品完成中间设置多个里程碑的检查点，通过物联网自动数据采集来验证里程碑的完成情况。甚至引导有相关资源的投资人参与其中，提高产品研制的成功率，降低投资人的风险。

根据对众筹商品进行统计分析，发现参与众筹产品一定是细分市场特性产品，可以是设计特殊性，或者功能特殊性，再或者性价比突出。

在产品参与众筹的时候，设计师开始听取众筹参与的意见，通常会将生产交给专业工厂完成，并通过工业互联网对众筹产品采购、生产、封装等环节上传到信息系统中，整个生产过程因为工业互联网实施，让众筹的全程让投资者有强烈的参与感，最终产品满意度得到显著提升。

投资者可以参与产品设计，投资者清晰地知道产品原材料的采购过程、生产过程、物流过程，众筹有特性性质，用户定制化产品。

赋予产品众筹新的生命力，用户拿到的不再是冷冰冰的商品，也不是商家卖什么，用户才能买什么。

6.4 人工智能的应用，将逐步提升风控能力

AlphaGo 战胜了李世石，AlphaGo Master 战胜了柯洁。但事实上，Master 之后，又一个版本 AlphaGo Zero 以 89:11 的比分战胜了 Master。人工智能在围棋领域实在没有探索的必要了。所以，人们希望把 AI 的技术能力应用在其他更有意义的领域中去，例如融入金融领域，提高风控能力。

而众筹面临的最大问题是项目方的真实性。项目尽职调查有成本、时间、地域等因素限制，让项目真实性一直存疑，但是通过人工智能技术将众筹项目从多个维度进行综合评分，从而让投资者对项目风险有一个初步认识，人工智能借助众筹历史数据训练的神经网络可以建立众筹反欺诈模型，有效规避项目风险。

众筹行业现在正在蓬勃地发展，众筹运营平台借助新型技术运用，特别是移动互联网、区块链等技术运用，不断提高众筹平台的服务水平，让众筹参与人群更广

泛,众筹方式更加多样化,众筹项目成功率不断提高,其结果也让项目众筹成功率逐渐提高,为社会经济繁荣做出突出贡献。

6.5　众筹与其他行业将有更多的融合

6.5.1　众筹与保险

2018 年 5 月,复星保德信人寿携手复星公益基金会联合推出了首个由保险公司发起的互联网保险众筹通用平台——众筹保。平台的第一个公益众筹项目——"为了星星的孩子"关爱自闭症儿童众筹也同步上线。

支付宝在 2018 年 10 月推出保险"相互保"的大病互助计划在支付宝火热开售,截至 10 月 28 日,一个月时间加入人数已超 1 300 万。产品特点是"0 元加入,先享保障;一人生病,众人均摊。30 万元保障,帮一个家"。"相互保"一上线便引发保险行业和众筹行业广泛关注。

产品本身是一款保险产品,但是在合规上出现问题。原来保监会就已经要求网络互助必须与保险产品划清界限,不得使用任何保险术语,不得将互助计划与保险产品进行任何形式的挂钩或对比。保监会同时强调,网络互助不得以保险费名义向社会公众收取资金或非法建立资金池。所以支付宝将产品在 12 月更名为"相互宝",变成一个众筹产品。

从"相互保"变成"相互宝"变更不只是名字,而是产品性质发现变化,从保险产品变成众筹产品,而且相互宝应该是历史最短时间,参与人数最多的众筹产品。同时也做了一个众筹类似保险标杆案例,也让众筹探索出一条新的路径。

6.5.2　公益和众筹

公益众筹目前是众筹发展的一个重要方向。通过众筹募集善款总额逐步提升,而且参与公益众筹的群体明显年轻化,80、90 后年轻人对于公益众筹的模式更加认可,也更愿意使用方便快捷的移动互联网方式参与众筹中来。

为顺应年轻人的爱心和便捷性,近几年中,水滴筹、轻松筹等各种众筹平台如雨后春笋般展示在朋友圈。而朋友圈因为增加朋友信任背书,从而实现信任穿透,让筹集更加顺畅。因为公益性众筹的社会性和公益性,公益众筹公司"水滴公司"获得 2018 年"年度社会企业奖"。

但是繁荣的背后也隐藏着危机,那就是公益众筹项目的真实性。

2019 年 5 月份德云社演员吴帅在水滴筹上募捐 100 万元用于治病,随后媒体发现筹款人家里有房有车,甚至妻子刚刚才换了近万元的高价手机,事件在微博上引起争议,让公众对公益众筹引发信任危机。

类似水滴众筹企业而言,用户信任度无疑是企业的生存立命之本,尤其自媒体快速发展的局面下,谁能够维持住用户的信任度,谁就能在未来的竞争中始终保持优势。

所以公益众筹的核心还是用户信任度,怎么验证项目真实性,是公益众筹要解决的核心问题。而区块链具有数据不可篡改的特性,大大提高了存证数据的可信度,是一个理论可行的方案。

参 考 文 献

[1] 袁毅,杨勇,陈亮.中国众筹行业发展报告 2016[M].上海:上海人民出版社,2016.

[2] 袁毅,陈亮.中国众筹行业发展研究 2017[M].上海:上海交通大学出版社,2017.

[3] 袁毅,陈亮.中国众筹行业发展研究 2018[M].上海:上海交通大学出版社,2018.

[4] 梁玮.国内外众筹研究的热点、前沿和展望[D].兰州:兰州大学,2018.

[5] 人创咨询.2017 中国众筹行业发展[EB/OL].[2018－01－30].http://www.zhongch.

索　引

G

H

J

K

L

M